A VIDA PRIVADA NO SEGUNDO IMPÉRIO
PELAS CARTAS DE INA VON BINZER (1881-1883)

Marly Ritzkat

3ª Edição

Conforme a nova ortografia

ATUAL EDITORA

Copyright © Marly Gonçalves Bicalho Ritzkat, 1999.

SARAIVA S.A. Livreiros Editores
Rua Henrique Schaumann, 270 – Pinheiros
05413-010 – São Paulo – SP
Fone: (0xx11) 3613-3000
Fax: (0xx11) 3611-3308 — Fax vendas: (0xx11) 3611-3268
www.editorasaraiva.com.br
Todos os direitos reservados.

Dados Internacionais de Catalogação na Publicação (CIP)
(Câmara Brasileira do Livro, SP, Brasil)

Ritzkat, Marly Gonçalves Bicalho
    A vida privada no Segundo Império : pelas cartas de Ina von Binzer (1881-1883) /
Marly Gonçalves Bicalho Ritzkat. — São Paulo : Atual, 1999. — (O Olhar Estrangeiro)

    Inclui exercícios para alunos e respostas para o professor.
    Bibliografia.
    ISBN 978-85-7056-991-2

    1. Alemães — Brasil 2. Binzer, Ina von, 1-856-ca. 1916 3. Brasil — Condições
sociais — Século 19 4. Brasil — Descrição e viagens 5. Brasil — História — II Reinado — 1840-1889 6. Viajantes — Escritos I. Título. II. Série.

99-0804   CDD-981.043

Índices para catálogo sistemático:
1. Segundo Império : Brasil : Vida privada : História social   981.043
2. Vida privada : Segundo Império : Brasil : História social   981.043

Coleção **O Olhar Estrangeiro**

Gerente Editorial: Wilson Roberto Gambeta
Editora: Vitória Rodrigues e Silva
Assessora editorial: Dolores Fernández
Coordenadora de preparação de texto: Maria Cecília F. Vannucchi
Preparadora de texto: Maria Luiza Simões
Revisão de texto: Pedro Cunha Jr. e Lilian Semenichin (coords.) /
                  Lúcia Leal Ferreira / Ana Maria Alvares /
                  Diego da Mata
Pesquisa iconográfica: Cristina Akisino

Gerente de arte: Edilson Félix Monteiro
Editor de arte: Celson Scotton
Chefe de arte: Renata Susana Rechberger
Editoração eletrônica: Silvia Regina E. Almeida (coord.)

Colaboradores

Projeto gráfico: Glair Alonso Arruda
Imagens de capa: *Fazenda Santa Genebra — família do Barão de
               Rezende*, quadro de Henrique Manzo,
               acervo Museu Paulista.
               Fotografia de José Rosael.
               Mapa: *British Empire*, 1886.

3ª edição/2ª tiragem
2010

Todas as citações de textos contidas neste livro estão de acordo com a legislação, tendo por fim
único e exclusivo o ensino. Caso exista algum texto a respeito do qual seja necessária a inclusão
de informação adicional, ficamos à disposição para o contato pertinente. Do mesmo modo,
fizemos todos os esforços para identificar e localizar os títulos dos direitos sobre as imagens
publicadas e estamos à disposição para suprir eventual omissão de crédito em futuras edições.

Visite nosso *site*: www.atualeditora.com.br
Central de atendimento ao professor:
0800-0117875

APRESENTAÇÃO

Cada vez mais os relatos de viagens estão sendo utilizados pelos historiadores no resgate de nosso passado, principalmente pela quantidade e variedade de informações que trazem, o que os torna uma importante fonte histórica.

Entre os relatos de viajantes estrangeiros no Brasil, a maioria deles escrita por homens, um trabalho chama a atenção: são as quarenta cartas escritas por uma mulher, a alemã Ina von Binzer, que durante três anos — de 1881 a 1883 — trabalhou como preceptora em casas de famílias da elite brasileira.

Dois aspectos devem ser destacados com relação às cartas dessa educadora alemã: primeiramente, sua condição de mulher, e, depois, o lugar de onde Ina escreve — o interior da casa. Poucos estrangeiros tiveram acesso à intimidade familiar, podendo vivenciar o cotidiano da casa brasileira, como teve Ina von Binzer. Isso confere a seu depoimento uma peculiaridade que o torna ainda mais interessante. Além disso, o período em que Ina viveu no Brasil era um momento de grande efervescência política, de mudanças econômicas e sociais. Estavam em curso dois processos cujo desfecho se aproximava: a Abolição dos escravos (1888) e a Proclamação da República (1889).

A partir do livro de Ina von Binzer — *Os meus romanos: alegrias e tristezas de uma educadora alemã no Brasil* —, uma coletânea das cartas escritas do Brasil à amiga Grete, que ficara na Alemanha, procuramos trabalhar os seguintes temas:

- a importância histórica dos relatos de viajantes;
- a presença alemã no Brasil do século XIX;
- as fazendas de café no Vale do Paraíba e interior paulista;
- o trabalho escravo e a introdução da mão de obra livre;
- os hábitos e costumes dos brasileiros naquele período;
- a educação das crianças da elite brasileira.

O que se buscou foi dar ao leitor a possibilidade de observar a sociedade brasileira dos fins do século XIX com os olhos de alguém que veio de fora e, por sua condição estrangeira, percebia aspectos da nossa realidade pouco notados pelos brasileiros daquela época.

Sumário

CAPÍTULO 1	Quem viaja tem muito o que contar	6
CAPÍTULO 2	Uma preceptora alemã no Brasil	22
CAPÍTULO 3	O mundo da fazenda	30
CAPÍTULO 4	Mãos à obra!	42
CAPÍTULO 5	Admirável mundo estranho	52
CAPÍTULO 6	A educação vem do berço	68
VOCABULÁRIO		76
BIBLIOGRAFIA		78
EXERCÍCIOS		79

QUEM VIAJA TEM MUITO O QUE CONTAR

Em 1549, o primeiro aventureiro alemão desembarcou no Brasil, depois de enfrentar uma viagem difícil e arriscada. Aqui chegando, foi capturado por uma tribo de índios canibais. Viveu durante nove meses entre os tupinambás, sob a constante ameaça de ser devorado e servir de "refeição" para os índios. Resgatado por franceses, Hans Staden — era esse seu nome — retornou à Europa, aonde chegou em 1555, quando então escreveu um livro contando as experiências vividas no Brasil. Seu livro, *Duas viagens ao Brasil*, foi publicado no ano de 1557, em Marburg, na Alemanha. Nele, Hans Staden descreve o Brasil como um lugar de paisagem selvagem e ferozes canibais, uma vasta terra nos trópicos com um calor mortal e "muitas tribos de homens selvagens com muitas línguas diversas, e numerosos animais esquisitos".

Nesta gravura, Hans Staden, que foi prisioneiro dos índios tupinambás, autorretrata-se presenciando uma cena de antropofagia.

Hans Staden não foi o único estrangeiro a se aventurar por terras brasileiras. Muitos outros viajantes — alemães, franceses, ingleses, holandeses — embrenharam-se pelas matas para conhecer o Novo Mundo. Até o início do século XIX, entretanto, o número de relatos de viagens sobre o Brasil é relativamente pequeno, se comparado ao volume de material deixado por viajantes a partir de 1808. O exclusivismo português procurava resguardar o Brasil de olhos estranhos, e por isso não se verificaram expedições exploratórias do território brasileiro. A Portugal não interessava que se tornassem conhecidas as riquezas da nova terra. Reservava para si, e somente para si, o direito de saber algo sobre ela. Dessa forma, durante séculos o Brasil permaneceu como um gigante desconhecido.

Mas, em 1808, o rei de Portugal, d. João VI, veio para o Brasil, acompanhado de uma grande comitiva de altos funcionários públicos, além de nobres, condes e duques com suas famílias. Fugiam das tropas francesas que, sob o comando de Napoleão, ameaçavam invadir Portugal — nessa época, o imperador da França provocava intensa agitação política na Europa. Aqui, a primeira medida de d. João VI foi a elevação do Brasil a Reino Unido, pois a corte portuguesa não poderia ficar instalada em uma colônia. Muitas outras medidas que beneficiavam diretamente o Brasil foram tomadas pelo regente. Uma das mais importantes foi a abertura dos portos, o que facilitava, além da entrada de mercadorias, a vinda de estrangeiros ao país. Isso possibilitou a abertura de novos horizontes para o Brasil, ao mesmo tempo que o abriu para o mundo. Na Europa, aumentava o interesse pelas terras tropicais, e se inaugurou um verdadeiro ciclo de viagens e expedições científicas. Movidos por interesses os mais diversos, os europeus se viram atraídos pelo vasto território brasileiro.

O DESEJO DE "FAZER CIÊNCIA"

Entre os primeiros relatos a respeito do Brasil escritos no século XVI, dois dos mais famosos são o de Hans Staden e o de Jean de Léry, este último um religioso francês que aqui viveu

entre 1555 e 1558. Os viajantes dos séculos XVI e XVII eram aventureiros que vinham ao Brasil em busca da confirmação do que imaginavam ser o Novo Mundo: uma terra virgem, povoada por povos selvagens e primitivos que viviam em meio a florestas maravilhosas, cercados por animais fantásticos. Em seus relatos a natureza é descrita frequentemente com exagero: laranjas douradas caem em cachos engordando os porcos, as frutas são especialmente doces, tudo é farto e grandioso! Os viajantes ficavam especialmente perplexos com os rituais e o nudismo dos índios, bem como com o canibalismo e a feitiçaria. Para o europeu, que vivia sob os rígidos valores ditados pela moral cristã, a nova realidade com a qual agora defrontava era monumental e maravilhosa, mas também gerava estranhamento e medo.

O homem europeu tentou decifrar os mistérios do Novo Mundo, onde criaturas primitivas e inocentes viviam em meio a uma paisagem virgem. O caráter distinto e exótico das novas terras foi descrito pelos viajantes para que as pessoas que não podiam viajar para lugares tão diferentes da Europa daqueles tempos ao menos soubessem o que lá ocorria. E a curiosidade em torno dos povos e paisagens recém-descobertos fazia com que houvesse enorme procura por tais obras.

Mas, enquanto nos séculos XVI e XVII o viajante europeu expressava em seus relatos o deslumbramento diante do maravilhoso e do fantástico, nos séculos XVIII e XIX uma nova preocupação orientará a observação e o relato desses estrangeiros. Vivia-se então uma época marcada pelo desenvolvimento

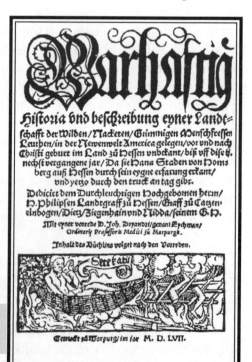

Página de rosto da primeira edição do livro de Hans Staden.

do racionalismo e do progresso científico, que estimulava a observação cuidadosa, a coleta de dados sistematizada e a descrição pormenorizada dos fenômenos. A natureza tornava-se o grande centro de interesse dos pesquisadores e, por esse motivo, o Brasil passou a atrair a atenção de vários deles, já que aqui ela se encontrava praticamente intacta. Assim, o início do século XIX pode ser caracterizado como o momento da chamada "redescoberta" do Brasil, quando os europeus voltaram a se interessar pelo chamado Novo Mundo. Esse momento coincide com a vinda da família real para o Brasil.

"Fazer ciência" era a palavra de ordem no século XIX. As novas ideias do Século das Luzes*, mostrando aos homens a possibilidade de liberdade e felicidade na terra, deram um grande impulso à ciência, sobretudo no campo das ciências naturais — biologia, zoologia* e botânica* — e mecânicas, especialmente a física. Isso fez do século XIX o século das grandes descobertas e invenções. É o momento da chamada Segunda Revolução Industrial, caracterizada pela utilização do aço e da eletricidade. A maquinaria é automatizada, e em 1892 é inventado por Rudolf Diesel o motor de combustão interna. Outras invenções importantes também marcaram o século XIX: a locomotiva a vapor, criada em 1804, e o gerador elétrico, em 1831. Alexander Graham Bell inventou o telefone em 1876; Thomas Edison inventou a lâmpada elétrica em 1880; em 1886, Daimler e Benz inventaram o automóvel e Henry Ford iniciou a produção em série. Nessa época ainda foram criados a fotografia e o cinematógrafo.

O avanço da ciência promovia o desenvolvimento tecnológico, que por sua vez trazia mais conforto à vida das pessoas. Com isso o estudo científico foi valorizado, o que provocou também uma exaltação dos cientistas, de seus inventos e descobertas. O homem estava em busca do saber, tudo deveria ser visto e descrito em termos científicos, com total e absoluta neutralidade, ou seja, o conhecimento deveria ser objetivo e, consequentemente, o cientista não deveria emitir opiniões pessoais.

A ciência também se torna uma lente para melhor ver e compreender o Novo Mundo, o que exige que se explore e registre a natureza e os habitantes daquelas terras. Assim, vários estudiosos deslocaram-se para o Brasil, observando e registrando tudo o que

---

* As palavras com asterisco são definidas no Vocabulário, no final do livro.

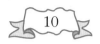

viam, descrevendo e catalogando as espécies animais e vegetais até então desconhecidas dos europeus.

O interesse em estudar e pesquisar países e culturas diferentes dominou a mentalidade intelectual durante todo o século XIX. As reservas naturais abundantes e a existência de populações indígenas atraíam o europeu não apenas pelo estudo e pesquisa que possibilitavam, mas também pelo prazer da aventura. Os viajantes tinham a oportunidade de ver tudo "ao vivo" e transmitiam, através de seus relatos, algum conhecimento sobre um mundo ainda pouco conhecido.

MUITOS VIAJANTES, VÁRIOS DIÁRIOS

O século XIX pode ser considerado o século dos viajantes. Eram estrangeiros das mais diversas nacionalidades — ingleses, franceses, suíços, alemães, austríacos — que resolveram empreender no Brasil seus sonhos e projetos. Financiados por instituições científicas e universidades, percorreram o país buscando novas espécies de plantas e animais, realizaram pesquisas sobre medicamentos, doenças, solo e minerais, investigaram o comportamento de certos bichos; enfim, estavam atentos a todos os aspectos da natureza que pudessem captar. Seus relatos são minuciosos, cuidadosamente elaborados, ricos em detalhes e gravuras, e destinavam-se, na maioria das vezes, a um público letrado composto por cientistas, professores universitários e pesquisadores. Os relatos dos alemães Spix e Martius e do geólogo Eschwege, também alemão, são exemplos desse tipo de literatura. Os viajantes cientistas empreenderam longas viagens pelo território brasileiro. O francês Auguste de Saint-Hilaire, por exemplo, permaneceu no Brasil por quatro anos, viajando pelos Estados do Rio de Janeiro, Espírito Santo, Minas Gerais, Goiás, São Paulo, Paraná, Santa Catarina e Rio Grande do Sul. De sua viagem resultou a catalogação de diversas espécies vegetais, além da descoberta de outras tantas desconhecidas pelos cientistas. Saint-Hilaire escreveu várias obras sobre o Brasil, e elas constituem importante referência para os historiadores e outros pesquisadores. Entre os livros publicados nessa época, há também diários de príncipes e nobres europeus, amantes da ciência e da aventura, como é o caso do príncipe Maximilian de Wied-Neuwied e do príncipe Adalberto da Prússia, ambos alemães.

Mas havia viajantes que vinham não movidos pela curiosidade, pela sede de saber, mas como emissários de empresas europeias que pretendiam instalar aqui seus negócios. Nessa categoria encontramos um grande número de ingleses. E isso não ocorreu por acaso! A Inglaterra já tinha passado pela Revolução Industrial. Suas fábricas estavam agora interessadas em expandir os negócios, e o Brasil era visto como um mercado promissor.

Além de cientistas e comerciantes, muitos outros europeus vieram para o Brasil: missionários religiosos, marinheiros, soldados, diplomatas e funcionários da corte portuguesa. As diferentes profissões e nacionalidades dos viajantes conferem ao conjunto de seus relatos uma multiplicidade de visões. Assim, uma das maiores riquezas dessa literatura são os diferentes pontos de vista, abordagens e enfoques que apresenta, o que a torna um recurso interessante para o estudo da história.

Com a vinda dos primeiros imigrantes para o Brasil, no século XIX, surgiu outro tipo de relato sobre estas terras: a chamada literatura de imigração, que consiste nos relatos de estrangeiros que abandonaram seus países de origem para tentar construir aqui uma vida melhor. Assim, dependendo da experiência que o autor tinha no Brasil, seu relato falava positiva ou negativamente sobre a imigração.

Nessa categoria de literatura sobre o Brasil encontramos o livro de Thomas Davatz e o relato do barão de Tschudi, que veio ao Brasil em 1860, a mando do governo suíço, para estudar os problemas da imigração no Império.

Esse tipo de relato é de grande importância histórica, pois nos ajuda a reconstruir a história da imigração no Brasil.

"O BRASIL NÃO É LONGE DAQUI"

Embalados pelo verso "O Brasil não é longe daqui", de uma canção que incentivava a migração, milhares de famílias alemãs embarcaram em navios com destino ao Brasil. Enfrentavam uma longa e difícil viagem, deixando para trás sua pátria, na certeza de encontrar aqui uma terra com mais fartura.

A situação na Alemanha do século XIX, assim como em outros países europeus, não era nada fácil. Se por um lado havia o desenvolvimento da ciência, da tecnologia e da indústria, por outro lado crises no abastecimento de alimentos, resultantes de alterações climáticas, foram responsáveis por períodos de fome — o que, aliado à precariedade da alimentação nos períodos normais, provocava anemia e desnutrição entre a população mais pobre. No caso dos alemães, as constantes guerras — como as longas disputas com os franceses — não apenas produziram mais miséria e mortes como também foram responsáveis pela desorganização da economia camponesa.

Todos esses motivos foram decisivos na imigração para a América.

Se, por um lado, muitas famílias alemãs desejavam deixar seu país, por outro, no Brasil, uma política iniciada logo após a Independência e intensificada nas décadas seguintes estimulava a imigração. Assim, calcula-se que entre 1853 e 1888, 731 496 alemães instalaram-se no Brasil. Aqui, a maior parte deles dirigiu-se para colônias no Rio Grande do Sul, Santa Catarina e Paraná; outros foram para São Paulo, Espírito Santo e Minas Gerais.

Entre outros objetivos, a política imigratória do governo brasileiro pretendia: fornecer mão de obra para as fazendas, sobretudo as voltadas para o cultivo de café; garantir a segurança territorial; promover o branqueamento racial do país e fortalecer a economia de mercado.

A segurança territorial era uma preocupação presente sobretudo na região Sul, devido à tensão provocada por constantes problemas de fronteiras entre os vizinhos da região platina. Em 1824, portanto logo no início do Império, os primeiros colonos já começavam a se instalar na região de São Leopoldo, no Rio Grande do Sul, visando garantir a integridade territorial e proteger as fronteiras despovoadas.

A maioria da população brasileira nessa época era composta por negros e mulatos. Os dirigentes do país pretendiam, com a chegada de imigrantes europeus, promover o branqueamento racial no Brasil, pois pensava-se que assim se poderia superar muitos dos problemas então enfrentados. O preconceito contra os negros e mulatos fazia com que muitos erroneamente atribuíssem a eles o atraso social e econômico brasileiro.

Desenvolver a economia de mercado era uma preocupação daqueles que estavam interessados no fortalecimento do ainda acanhado processo capitalista nacional. Eles acreditavam que a vinda de imigrantes europeus, além de ampliar o mercado consumidor, estimularia uma mudança de mentalidade que facilitaria a substituição dos escravos por mão de obra livre.

A política de imigração não teve as mesmas características em todo o país. No Sul a maior preocupação era com o povoamento da região. Lá os imigrantes desenvolveram a atividade agrícola e introduziram importante atividade agroindustrial, como as fábricas de vinho, cerveja, calçados, tecidos, etc. Esses colonos não vieram em busca de aventuras, de ouro e de riqueza fácil, para então voltarem à Alemanha. Eram chefes de família, acompanhados de mulher e filhos. Tinham vindo para o Brasil com a esperança de aqui se estabelecer: adquirir uma propriedade agrícola onde pudessem trabalhar e alcançar independência financeira, construir um lar. Em São Paulo, porém, os imigrantes foram vistos como força de trabalho para as lavouras de café, que estavam se expandindo rapidamente e exigiam cada vez mais trabalhadores — que não se tornavam donos das terras.

A fabricação de cerveja foi uma das várias atividades desenvolvidas pelos imigrantes alemães que se instalaram na região Sul do Brasil.

Era grande a propaganda na Europa incentivando a imigração para o Brasil, e os agentes do governo e empresas de colonização tiveram um papel importante no processo imigratório. Porém, muito mais eficazes do que essas propagandas eram as cartas escritas por parentes ou amigos que haviam imigrado para o Brasil. Nelas os imigrantes descreviam a nova terra, e muitas vezes acabavam estimulando os parentes a também se mudarem para o Brasil.

Mas não nos enganemos: muitas das cartas narravam os horrores enfrentados pelos imigrantes, alertando os amigos, na Europa, a não se iludirem com falsas promessas.

Entre os imigrantes que mais se frustravam com a vida na nova terra estavam aqueles recrutados por fazendeiros para trabalhar no sistema de parceria, muito adotado em São Paulo. Esse sistema vinculava os imigrantes aos fazendeiros, aos quais eles deviam as despesas da viagem da Europa até o Brasil. Com o passar do tempo, os imigrantes acabavam contraindo outras dívidas, o que, na prática, os prendia aos proprietários, porque, apesar de todo o seu trabalho e esforço, nunca conseguiam saldá-las. Desconhecendo a língua e as leis brasileiras, os imigrantes eram submetidos a várias formas de exploração, o que muitas vezes aproximava sua condição de vida da dos escravos. Dessa maneira percebe-se que alguns fazendeiros paulistas estavam interessados apenas nos braços para colher o café, e não em uma política de desenvolvimento do capitalismo no país. O suíço Thomas Davatz conheceu essa realidade de perto. Ele veio para o Brasil como colono, contratado para trabalhar em uma fazenda em São Paulo, iludido por lindas descrições do país e por promessas de trabalho e fartura. Chegando aqui, percebeu que tudo era diferente do que imaginava e logo se viu envolvido em dívidas. Depois de liderar uma revolta, na fazenda onde trabalhava, contra a precária situação dos imigrantes, conseguiu licença para retornar a seu país. Chegando à Europa, escreveu um livro, publicado em 1858, em que contava sua triste experiência no Brasil. Seu objetivo era "advertir tanto quanto possível contra a leviandade das emigrações e trabalhar um pouco para que se acalme a febre de emigrar, poupando a muita gente amargas desilusões". Sua obra teve grande repercussão sobre a opinião pública europeia. A imagem do Brasil ficou bastante afetada, criando-se uma tendência hostil a qualquer imigração para cá. Em 1859, o governo da Prússia chegou a proibir a saída de alemães para o Brasil, em que foi seguido por outros Estados alemães. Isso fez com que diminuísse bastante a vinda de pessoas daquela região para o Brasil.

A NATUREZA E O COMÉRCIO ATRAINDO ALEMÃES PARA O BRASIL

Mas as relações entre Brasil e Alemanha não se limitavam à questão imigratória. O interesse científico pelo país motivou a vinda de vários cientistas, que percorreram todo o Brasil. Entre muitos viajantes alemães podemos destacar o príncipe Maximilian de Wied-Neuwied, o pintor Johann Moritz Rugendas e os bávaros* Johann Baptist von Spix, zoólogo, e Carl Friedrich Phillip von Martius, botânico. Estes dois últimos empreenderam uma das mais extensas expedições já realizadas pelo Brasil, percorrendo mais de 20 mil quilômetros ao longo de três anos. O resultado dessas viagens foi uma coleção de relatos, gravuras e pinturas de grande valor científico.

Havia também um interesse comercial significativo entre os dois países. O Brasil mostrava-se disposto a ampliar suas relações comerciais com a Alemanha para escapar, na medida do possível, do predomínio inglês. Hamburgo já se mostrava um importante porto de entrada de produtos brasileiros. Tanto que em fins do século XIX era o porto europeu com entrada de café brasileiro mais significativa.

No entanto, as relações do Brasil com a Alemanha ainda não podiam ser comparadas com as que ele mantinha com outras grandes potências europeias: França e Inglaterra. A Alemanha estava envolvida na delicada tarefa de unificação nacional, o que afastava o país do jogo político e econômico das grandes potências, cuja supremacia ainda cabia à Inglaterra. Do ponto de vista cultural, o Brasil inclinava-se à influência francesa: a língua francesa era muito falada pelos abastados locais e, além disso, a moda e a etiqueta seguiam as regras ditadas por Paris.

OS REGISTROS DOS VIAJANTES

Para os viajantes, tudo começava em um navio. A viagem da Europa ao Brasil era longa: no início do século XIX levava, em média, dois meses. Era também arriscada: a embarcação estava sujeita a mau tempo, ventos fortes e tempestades. E era difícil. Para muitos, o longo tempo no mar parecia uma eternidade, devido aos enjoos provocados pelo balanço do navio. Mas em fins do século XIX as viagens tornaram-se menos cansativas, e gastava-se, em média, vinte dias no percurso. A grande maioria dos relatos de viajantes estrangeiros dedica o primeiro capítulo à narrativa dessa travessia.

Chegando ao Brasil, a primeira sensação experimentada pelos viajantes era, em geral, de fascínio e deslumbramento diante de uma realidade tão diferente. O exotismo das terras tropicais foi descrito pelos europeus em seus livros com grande encantamento. Nos primeiros relatos sobre o Brasil, nos séculos XVI e XVII, a descrição da natureza beira o exagero: fala-se de macacos que riem e tagarelam, de laranjeiras com frutos de ouro e de serpentes às quais se atribuem as mais absurdas propriedades. Já o viajante do século XIX é mais objetivo, e a natureza aparece em seus diários de maneira menos irreal, ou seja, procura-se descrever animais, plantas e paisagens como de fato são, sem muitas fantasias. Mas o encantamento é unanimidade! Os alemães Spix e Martius assim descreveram sua chegada ao Brasil, em 1817:

Todos se deleitavam na contemplação do país, cuja doçura, cuja variedade encantadora e cujo esplendor superam muito todas as belezas naturais, que jamais havíamos visto. Do azul escuro do mar, elevam-se as margens banhadas de sol e no meio do verde vivo destaca-se a brancura das casas, capelas, igrejas e fortalezas.

Porém, o deslumbramento muitas vezes desaparecia quando os viajantes desciam do navio para conhecer a cidade. E se por um lado eles não pouparam adjetivos para exaltar as belezas naturais do país, por outro, não deixaram de descrever o atraso, a falta de progresso, o primitivismo de seus habitantes e a sujeira que se acumulava por toda parte. Muitas vezes, ao analisar a situação de vida no Brasil, usavam como ponto de referência a realidade de seu país de origem quase sempre exaltando a superioridade deste. Assim aconteceu com Elizabeth Agassiz, uma norte-americana que visitou o Brasil nos anos de 1865-66:

O que logo impressiona no Rio de Janeiro é a negligência e a incúria*. Que contraste quando se pensa na ordem, na limpeza, na regularidade das nossas grandes cidades!

O Rio de Janeiro era o porto de chegada da maioria dos viajantes. Lá se organizavam as expedições que percorreriam o país. Muitos dos que chegavam vinham em missões científicas planejadas e financiadas por reis, nobres, universidades e museus da Europa. Afinal de contas, não bastava o desejo de aventuras para a realização de uma expedição científica ao Brasil. Em primeiro lugar, era preciso garantir os recursos financeiros para custear a viagem, que era muito cara. Além disso, uma expedição científica ao Brasil exigia um planejamento detalhado: devia-se estabelecer metas, fazer um cuidadoso plano do roteiro a ser seguido, conseguir licenças e cartas de apresentação, organizar guias e instrumentos para a viagem ao interior do país (alimentos, mulas, água). Uma vez no Brasil e com tudo organizado, partiam os viajantes para a grande aventura. Cavalgavam durante o dia inteiro e, ao entardecer, procuravam um lugar para descansar a tropa* e passar a noite, em geral uma pequena hospedaria, onde quase sempre comiam feijão, toucinho e carne-seca. Muitas vezes eram recebidos por fazendeiros locais, que lhes ofereciam hospedagem. Outras vezes, porém, eram obrigados a improvisar um abrigo para passar a noite. Usavam como cama as peles de boi, que durante o dia eram estendidas sobre a carga das mulas. Ao final do dia, após uma longa jornada de caminhadas, vencendo obstáculos e privações, o viajante estrangeiro sentava-se para anotar em seu diário tudo aquilo que vira, ouvira e experimentara: os caminhos percorridos, as condições climáticas, os meios de transporte. Ele também descrevia cientificamente as espécies animais e vegetais vistas, o relevo e a hidrografia dos locais visitados.

Em *Encontro dos índios com os viajantes europeus*, Rugendas retrata estrangeiros que percorriam o território brasileiro.

Algumas experiências vivenciadas pelos estrangeiros eram tão diferentes de tudo o que um europeu conhecia, que se tornava difícil descrevê-las. Como explicar a um europeu do século XIX que nunca vira uma bananeira o formato e o gosto de uma banana? O alemão Theodor von Leithold bem que tentou:

As bananas são uma fruta nativa na forma de um figo, de gosto algo parecido com uma maçã, mas com um sabor a remédio, que desaparece em parte, quando preparadas em beignet*.

Os viajantes percorreram o Brasil inteiro, anotando em seus diários informações sobre a fauna, a flora, o relevo e a hidrografia do país. Registraram também os nomes dos povoados, a população de cada lugarejo, os hábitos e costumes dos brasileiros, as comidas, as festas, as doenças. Essa riqueza de informações faz dos relatos de viagem uma importante fonte primária* — algumas vezes a única disponível para o estudo de determinada localidade. Daí sua grande contribuição para os historiadores, em sua tentativa de recuperar nosso passado.

O OLHAR ESTRANGEIRO

Ao lermos os registros dos viajantes, precisamos considerar um aspecto fundamental: esses relatos revelam um país visto por olhos estrangeiros. E o olhar de alguém que acabou de chegar é, muitas vezes, mais atento e sua percepção, mais aguçada que a da maioria das pessoas do lugar, para as quais tudo parece normal, natural, pois foi assim que elas sempre conheceram as coisas ao seu redor. Já para o estrangeiro tudo é novidade, em tudo há estranhamento. Comparando-a com a maneira de viver própria de sua terra, o estrangeiro questiona, duvida e estranha a nova realidade. Por isso, ler os relatos de viajantes é ter a possibilidade de ver o Brasil não apenas através dos olhos de outra pessoa, mas de um tipo diferente de olhar.

QUANTA DIFERENÇA!

Exemplo do estranhamento típico entre os estrangeiros que visitaram nosso país se verifica nas cartas que a professora alemã

Ina von Binzer escreveu à amiga Grete. Ina chegou ao Brasil em 1881, e foi com olhos de quem vem de fora, com um olhar estrangeiro, que ela observou e registrou o cotidiano brasileiro em fins do século XIX.

Os costumes dos brasileiros eram estranhos aos olhos da professora estrangeira, e muitas vezes incompreendidos — como ao constatar o prazer de jogar bisnagas de água nas pessoas durante o carnaval, ou a mania de soltar foguetes na época das festas juninas. Ina assistia a tudo calada e reconhecia a profunda diferença que separava os costumes europeus, considerados por ela civilizados, dos costumes brasileiros, sempre descritos em suas cartas como primitivos e de mau gosto. A alemã Ina von Binzer observava e analisava os hábitos e costumes dos brasileiros a partir de seu universo cultural, ou seja, tendo a cultura germânica* como modelo de referência. Seu etnocentrismo* se expressa num desabafo (observe que Ina define bem a distância entre os alemães ("nós") e os brasileiros):

Para nós, nórdicos, rigidamente educados, tudo nos parece negligente, mesmo o próprio povo, não sei como qualificá-lo — creio que indisciplinado seria a melhor palavra.

Mas, ao mesmo tempo que considerava estranhos os costumes dos brasileiros, e seus hábitos, primitivos e marcados pela falta de gosto, Ina se encantou com a beleza natural do país:

Digo, Grete, que com o céu profundamente azul, o sol dos trópicos, os graciosos e pequenos colibris parecendo reluzir como esvoaçantes pedras preciosas, este lugar é tão sul, tão esquisitamente tropical, que a gente pensa que está sonhando.

É interessante notar que, em suas cartas à amiga Grete, Ina identifica, de um lado, o "Brasil dos brasileiros" — com sua população pobre e ignorante, com a sujeira de suas ruas e barulho por toda parte — e, de outro, o "Brasil natureza", majestoso, belo, tropical. É como se esse "Brasil natureza" tão belo estivesse em descompasso com aquele "Brasil dos brasileiros" de ruas repletas de negros barulhentos, calor insuportável e festas de mau gosto... Um contraste incompreensível para uma estrangeira!

AS MULHERES VIAJANTES

Quase todos os viajantes estrangeiros que visitaram o Brasil eram homens, mas algumas mulheres enfrentaram os preconceitos, viajaram e escreveram relatos de suas viagens. Ainda no século XVIII, surge o texto da primeira mulher a escrever sobre o Brasil. Mrs. Kindersley publicou em 1777 o relato de uma longa viagem pelo mundo, incluindo sua passagem por aqui.

Mas a primeira mulher a escrever extensamente sobre o Brasil foi a inglesa Maria Graham, que aqui viveu em períodos intercalados entre os anos de 1821 e 1824. Seu *Diário de uma viagem ao Brasil*, publicado em Londres, em 1824, constitui uma importante fonte histórica sobre o processo de independência do Brasil. Naquela época, a sociedade impunha à mulher rígidos padrões de comportamento. Para ela reservavam-se os papéis de dona de casa, esposa e mãe. Entretanto, como no século XIX as viagens já não eram tão difíceis, graças à melhoria do sistema de transporte e navegação, as mulheres, pouco a pouco, passaram a ter a possibilidade de viajar. As viajantes pertenciam à classe média ou alta, eram esposas de militares, de diplomatas, ou acompanhavam seus maridos em expedições científicas. Havia também as que viajavam sozinhas, pelo prazer de viajar, ou, no decorrer do século XIX, as que viajavam para tentar a sorte em um país estrangeiro, como é o caso de Ina von Binzer, que veio para o Brasil para assumir a função de professora.

Não foram muitas as mulheres viajantes, mas seus relatos trazem importantes informações sobre a vida no Brasil do século XIX, desta vez vista por olhos femininos.

O que diferencia um relato de viagem escrito por um homem de um escrito por uma mulher?

Naquela época, homens e mulheres possuíam interesses marcadamente diferentes. Assim, os aspectos que escolhiam para abordar, ao escrever sobre um assunto, também eram diferentes. As mulheres eram mais propensas a abordar temas como: vestimentas, situação de vida das mulheres no Brasil, educação, criação dos filhos. Além disso, elas tinham liberdade para penetrar no lugar da casa onde a entrada de homens estranhos era proibida: a cozinha. Assim, podiam ter contato com os empregados e observar a organização do trabalho doméstico, o preparo dos alimentos, enfim, o cotidiano de uma casa brasileira. Aliás, Ina von Binzer tinha consciência de que sua profissão e o fato de ser mulher lhe permitiam conhecer bastante da intimidade das famílias.

Neste particular nós, as professoras, levamos vantagem em relação aos comerciantes e outros europeus dentre os quais muito poucos se afastam das cidades marítimas, e a maioria depois de dez ou vinte anos retorna à Europa sem conhecer o resto do país e muito menos a vida real dos brasileiros; ao passo que, convivendo na intimidade deles, temos ocasião de observar de perto toda a trama.

Vamos então pegar uma carona no trem da história, junto com Ina von Binzer, e voltar ao ano de 1881. Como era a vida naquela época? A professora alemã tem muito a nos contar.

UMA PRECEPTORA ALEMÃ NO BRASIL

Os meus romanos: alegrias e tristezas de uma educadora alemã no Brasil é o título do livro em que Ina von Binzer relata, sob a forma de cartas (quarenta, ao todo), as experiências que viveu no Brasil durante o período em que aqui trabalhou como preceptora*, de 1881 a 1883. Publicado pela primeira vez na Alemanha no ano de 1887, só foi traduzido para o português e publicado no Brasil em 1956. Para podermos compreender essa obra será necessário saber um pouco mais acerca de seu processo de elaboração: quem foi a autora, quando e onde viveu, como escreveu o livro. Será preciso termos em mente que o livro está profundamente ligado ao momento histórico em que foi escrito. Portanto, neste capítulo vamos tratar da biografia de Ina von Binzer e da sociedade na qual ela viveu.

PARA CONHECER INA VON BINZER

Ina von Binzer nasceu em 3 de dezembro de 1856 em Lauenburg, cidade do norte da Alemanha, próxima de Hamburgo. As constantes transferências de seu pai, um administrador florestal, obrigavam a família a mudar-se com frequência. Por isso, Ina passou a infância em várias cidades: Friedrichsruh (também próxima de Hamburgo), Mölln (em Schleswig-Holstein), Kiel e Schleswig. Em Arnsberg, na Vestfália, recebeu sua educação escolar. Mais tarde esteve durante um ano inteiro em um colégio interno, em Soest (Vestfália), onde se formou professora.

A morte da mãe obrigou Ina a assumir esse papel na família. Nessa época, eles moravam em Königsberg, na Prússia. No entanto, o desejo de exercer a profissão de professora levou a jovem Ina a uma aventura em terras bem mais distantes.

Fonte: *Atlas geográfico mundial.* 2ª ed. São Paulo: Folha da Manhã, 1994.

Assim, em 1881 a educadora alemã desembarcava no Brasil, contratada por um grande fazendeiro do interior do Rio de Janeiro para cuidar da educação de sete de seus doze filhos. Após alguns meses, o excesso de trabalho havia debilitado sua saúde, e por recomendação médica ela abandonou o emprego na fazenda. Recuperada, resolveu aceitar o cargo de professora em um colégio de moças na Corte*. Mas essa também não foi uma experiência feliz para a professora alemã. Sem desanimar, Ina aceitou um novo emprego, dessa vez na cidade de São Paulo: assumiria a responsabilidade pela educação dos filhos de Martinico da Silva Prado, no livro chamado de dr. Costa. Mais uma vez, porém, viu-se obrigada a mudar de emprego e foi para o interior. Seria a preceptora das filhas de um rico fazendeiro, Bento de Aguiar Barros (dr. Sousa, no livro). A aventura pedagógica de Ina von Binzer terminou em janeiro de 1883, quando retornou à Alemanha. Morando em Berlim, passou a dedicar-se a uma nova ocupação: tornou-se escritora. Casou-se com o juiz Adolf von Bentivegni, mudando-se em 1906 para Halle.

De sua experiência no Brasil, Ina von Binzer deixou quarenta cartas escritas à amiga Grete, que ficara na Alemanha. Ina conta que Grete teria sido sua colega de internato e também estaria interessada em conseguir um emprego no Brasil. No entanto, não se sabe ao certo se essa amiga realmente existiu. Aliás, Ina mudou o nome das pessoas em seu livro, e ela mesma assina suas cartas com o pseudônimo* de Ulla von Eck. Ina von Binzer, assim como muitos outros alemães e alemãs que aqui trabalharam como preceptores, professores, carpinteiros, vidraceiros, marceneiros, pintores e lavradores, é exemplo de estrangeiro que deixou marcas de seu trabalho no Brasil.

MUITAS PERGUNTAS, POUCAS RESPOSTAS

Por que Ina von Binzer não foi ser professora na Alemanha? Por que escolheu o Brasil? O que sabia sobre o país antes de chegar aqui? Quando e onde ela embarcou? Quanto tempo durou a viagem de navio?

São muitas as perguntas, mas quase todas sem resposta. Em suas cartas a Grete, Ina praticamente não fala sobre sua vida antes de se mudar para o Brasil. Talvez porque uma amiga como Grete já devesse saber de todos os sonhos, projetos e até confidências mais íntimas de Ina. Sobre a viagem de navio da Alemanha até o porto do Rio de Janeiro, Ina von Binzer nada diz. Sua primeira carta, datada de 27 de maio de 1881, foi escrita já na fazenda São Francisco, local de seu primeiro emprego no Brasil. É bastante curioso o fato de a alemã não narrar a viagem de navio, pois quase todos os viajantes descreviam minuciosamente a travessia do oceano Atlântico. As mulheres que ousaram empreender tais viagens, superando todo tipo de obstáculo e preconceito, não deixaram de relatar as condições de vida a bordo, as quais, mesmo na segunda metade do século XIX, eram bastante precárias com relação a abastecimento e higiene.

Por que Ina não quis exercer a profissão na Alemanha, e por que tentar a sorte no Brasil, e não em outro país? Ela não responde a nenhuma dessas questões, não dá sequer uma pista. O que se sabe é que o sistema educacional público alemão preferia a contratação de homens. Às mulheres restavam os institutos particulares de ensino ou os cargos de preceptoras.

Na segunda metade do século XIX, na Alemanha, a profissão de preceptora era considerada promissora. As famílias burguesas, a exemplo da aristocracia, contratavam essas profissionais, muitas delas francesas, para cuidarem da educação de seus filhos. Como as preceptoras alemãs eram muito bem-conceituadas, tanto podiam trabalhar em seu próprio país como tentar a sorte no exterior — Romênia, Croácia, Hungria, Chile, Brasil, Egito, Uruguai e Austrália eram alguns dos lugares para onde essas mulheres se dirigiam. Para as jovens recém-formadas, era uma forma de ingressar no mercado de trabalho. O salário era o que mais as atraía a se aventurarem em terras tão distantes. Se na Alemanha o salário de uma preceptora variava entre 300 e 1500 marcos, no exterior as promessas de ganho eram bem maiores. Mas a opção por trabalhar em um país estranho estava, muitas vezes, acompanhada de decepções, dificuldades, frustrações e solidão, como relata Ina von Binzer:

Conto-lhe isso como exemplum tragicum, para uso de todos os que se deixam seduzir com ofertas de 4 a 5000 marcos de ordenado. Aliás, receberei agora apenas 3000. Mas coragem não me falta, Grete!

É provável que esteja aí uma boa pista da razão da vinda de Ina para o Brasil: ao que tudo indica, nossa professora alemã foi seduzida pela oferta de um bom salário.

AVENTURAS DE UMA "PROFESSORA AMBULANTE"

Ina von Binzer chegou à fazenda São Francisco em maio de 1881 para assumir a tarefa de educar sete dos doze filhos do dr. Rameiro, um rico fazendeiro do interior da província do Rio de Janeiro.

Ao que parece, fora contratada na Alemanha, e a viagem de navio provavelmente foi paga por seu patrão. Não se dispõe de nenhuma informação a respeito dessa transação, dos termos do contrato ou de como se deu o contato entre o fazendeiro brasileiro e a professora alemã.

Ina von Binzer permaneceu nessa fazenda por aproximadamente seis meses. Durante esse período, desdobrou-se para cumprir suas tarefas de professora. Afinal, não era nada fácil educar crianças com idades tão diferentes. Os "pequenos" tinham aulas de leitura, enquanto os "grandes", com 19, 21 e 22 anos, já se esforçavam por aprender o alemão. Em suas cartas, Ina não faz referências aos problemas que certamente enfrentava com a língua, mas por várias vezes demonstra sua insatisfação em estar numa fazenda distante, isolada de qualquer contato com outros alemães. A diferença entre os costumes germânicos e os brasileiros tornava a sua vida no Brasil ainda mais difícil, como ela mesma explica:

Gostaria tanto de sair um pouco daqui! Ir ao menos até o Rio para conhecer melhor a cidade que vi tão superficialmente na minha chegada e que me pareceu tão linda. Ficaria mais tranquila se tivesse um apoio qualquer neste país estrangeiro...

Mas ela adoeceu. Uma febre palúdica*, aliada ao cansaço excessivo, forçou-a a deixar o emprego na fazenda. Seguindo recomendações médicas, Ina se despediu da família, dos papagaios, das cinco aulas diárias de piano e da dura rotina. Em suas cartas ela usa o termo "inquisição" para se referir às filhas mais velhas do dr. Rameiro. Segundo ela, as moças não tinham nenhuma simpatia:

Retrato de Ina von Binzer datado de 1882.

[...] este trio é terrivelmente paralisante! A aparência das três lembra-me sempre a Santa Inquisição, com os juízes em volta da mesa redonda, que, na certa, não se mostrariam mais carrancudos nem mais frios.

Para recuperar a saúde, Ina partiu para a bela cidade imperial de Petrópolis, na mesma província do Rio de Janeiro.

Recuperada, voltou à Corte, onde conseguiu empregar-se como professora em um colégio de moças. Seria responsável pelas aulas de inglês e alemão de quatro turmas de alunas e daria algumas aulas de piano. No entanto, o fraco rendimento das alunas nas matérias que ela lecionava levava a pobre alemã a acreditar que era uma "péssima professora". Ao que parece, entretanto, ela não era a única culpada pelo mau desempenho escolar de suas alunas. O colégio não dispunha de número suficiente de salas, de modo que, enquanto Ina ensinava a algumas meninas as difíceis declinações da língua alemã, do outro lado da mesma sala a professora de português declamava poesias para suas alunas. Além disso, não havia um programa de estudos nem quadro de horários, condições mínimas para o bom funcionamento de um estabelecimento de ensino. Sem falar da indisciplina e da falta de pontualidade das alunas, motivos de constantes queixas da germânica. O curto período em que esteve no colégio — apenas um mês — foi suficiente para "enlouquecê-la". Ela decidiu então procurar a ajuda do cônsul alemão no Rio de Janeiro, que fez publicar, no *Jornal do Comércio*, um anúncio no qual procurava ressaltar as qualidades de Ina como educadora. O *Jornal do Comércio*, um dos periódicos mais importantes da época, tinha como público leitor fazendeiros, comerciantes, comissários de café, intelectuais e políticos do Império. Assim, não demorou e Ina já estava novamente contratada. Dessa vez iria para São Paulo, cidade onde residia a família de Martinico da Silva Prado, um poderoso fazendeiro daquela época. Ali cuidaria de seus "romanos" — é assim que, nas cartas, ela se refere aos filhos do fazendeiro, todos eles, devido às convicções republicanas do pai, batizados com nomes de personagens da Roma antiga: Lavínia, Caio, Plínio, Clélia, Cornélia (que foram alunos de Ina), Julita, Martinho Neto, Cássio, Corina, Fábio e Cícero.

"Meus discípulos romanos são realmente muito mal-educados." Assim começa a carta datada do dia 29/5/1882, em que a alemã relata à amiga Grete sua difícil relação com os alunos paulistanos. Ela explica:

Não posso de modo algum deixar os dois meninos sozinhos, embaixo, trabalhando na sala de estudos, enquanto em cima dou lição de piano a Lavínia. Outro dia Caius Gracchus, o menos dotado, embora o mais forte dos dois, jogou o irmão pela janela baixa do andar térreo enquanto este, aos berros, atirava pedras e areia para dentro; você bem pode imaginar o estado em que ficou meu quarto.

Foi exatamente em razão dessas travessuras que Ina von Binzer perdeu o emprego. Inspirados pelas festas juninas, os meninos "romanos" atiraram fogos contra as patas dos animais que puxavam os bondes, divertindo-se em colocar bombas sobre os trilhos da rua principal. Os animais, assustados, começaram a correr. Balanço final do alvoroço: um animal com a pata quebrada e uma conta de prejuízos a ser paga pelo pai das crianças. Enfurecido, o dr. Costa resolveu mandar os meninos para um colégio de padres e, como não valeria a pena manter uma preceptora apenas para Lavínia, esta também iria para um colégio; as duas outras meninas, Clélia e Cornélia, ainda muito pequenas — 6 e 4 anos, respectivamente — ficariam em casa. Para Ina, foi uma decepção: agora que estava gostando tanto da cidade e das amizades que lá possuía, deveria mais uma vez mudar-se! Ela então escreve à amiga:

Devo ir-me embora de São Paulo! Essa é a vingança do destino contra minha fuga do colégio! Irei de novo para uma fazenda, de novo ficarei sozinha, morando entre cobras e pretos!

As aventuras dessa "professora ambulante", como ela se autointitula ao final da carta na qual comunica à amiga Grete sua despedida de São Paulo, terminam de fato em uma fazenda do interior de São Paulo, nas proximidades de Americana. Mas seria a preceptora responsável pela educação das filhas do dr. Sousa. Lá ela permaneceu de julho de 1882 a janeiro de 1883. Uma última carta, ao final desse período, anuncia um suposto noivado com George Hall, engenheiro inglês que conhecera na casa do cônsul alemão, em São Paulo. Assim ela descreve o encontro:

Homem bastante atraente que conversou quase que exclusivamente comigo e apreciou o meu inglês, que considerava muito bom. Chama-se Mr. Hall e mora há seis meses em São Paulo, onde representa uma grande fábrica de máquinas, inglesa. Ach! Grete, como me sinto contente por estar aqui! Tão contente!...

A rigidez germânica de Ina ia aos poucos se dobrando diante da paixão por Mr. Hall. Ficava feliz sempre que o encontrava, e mais ainda quando foi a um baile acompanhada pelo inglês. Porém, analisando-se as cartas e a vida de Ina após seu retorno à Alemanha, é possível supor que esse noivado nunca tenha de fato existido. Afinal, que fim teria levado Mr. Hall? Será que pediu Ina em casamento e depois desapareceu? Ou não houve pedido algum? Aliás será que realmente existiu um Mr. Hall? Sabemos que, quando regressou à Alemanha, Ina casou-se com o juiz Adolf von Bentivegni e passou a dedicar-se a escrever.

CAPÍTULO 3

O MUNDO DA FAZENDA

Os meus romanos é uma obra importante por várias razões, entre elas o fato de ter sido escrita por uma mulher alemã, e por isso abordar aspectos pouco tratados na literatura dos imigrantes. Outro motivo é que Ina, por circunstâncias que não dependeram dela própria, viveu nas regiões que, do ponto de vista econômico, estavam entre as mais importantes do Brasil naquela época: a região do Vale do Paraíba, o interior paulista e as cidades do Rio de Janeiro e São Paulo. Ao registrar em cartas sua experiência, Ina nos legou uma série de apontamentos que nos revelam as importantes mudanças pelas quais o Brasil passava, comentadas por alguém que conhecia o desenvolvimento industrial europeu e, portanto, uma realidade muito diferente da brasileira. Neste capítulo vamos abordar esse aspecto das cartas da preceptora alemã.

ESPLENDOR E DECADÊNCIA DO CAFÉ NO VALE DO PARAÍBA

As primeiras mudas de café chegaram ao Brasil ainda no século XVIII. Nessa época, o cafeeiro era um arbusto exótico plantado em chácaras nos arredores do Rio de Janeiro e destinava-se quase exclusivamente ao consumo local. No início do século XIX o café expandiu-se pela serra do Mar, onde se adaptou muito bem ao clima, solo e topografia. A cultura estendeu-se rapida-

Café, aquarela de Debret mostrando um ramo dessa planta com frutos.

mente, e o café logo chegou ao Vale do Paraíba, onde encontrou as condições ideais para seu cultivo, passando então a ser produzido em escala comercial. O café foi, a partir de 1840, o principal produto de exportação brasileiro e a base de sustentação da economia do país.

Entre 1850 e 1900, o Vale do Paraíba foi uma das zonas de maior produção cafeeira do mundo. Em 1851-52, a província do Rio de Janeiro produziu 7 535 844 arrobas* de café. Dez anos depois, a produção era de 8 746 361 arrobas. Esse crescimento foi estimulado pelo aumento do preço do café no mercado internacional. Em 1851-52, o preço da arroba era de 3$396 (lê-se três mil, trezentos e noventa e seis réis), e em 1859-60 seu preço subira para 5$829. Observe no quadro abaixo a participação cada vez maior do café no total de exportações brasileiras:

Produtos	Porcentagem sobre o valor da exportação				
	1841-50	1851-60	1861-70	1871-80	1881
café	41,4	48,8	45,5	56,6	61,5
açúcar	26,7	21,2	12,3	11,8	9,9
algodão	7,5	6,2	18,3	9,5	4,2
fumo	1,8	2,6	3,0	3,4	2,7
cacau	1,0	1,0	0,9	1,2	1,6
Total	78,4	79,8	80,0	82,5	79,9

Fonte: CANABRAVA, Alice. A grande lavoura. In: *História geral da civilização brasileira*. São Paulo: Difel,1971. T. 2, v. 4. p. 119.

Em meados do século XIX, o hábito de tomar café começava a conquistar as populações urbanas da Europa e dos Estados Unidos, o que incrementou a expansão cafeeira no Brasil.

UMA FAZENDA DO VALE DO PARAÍBA

Assim que chegou ao Brasil, Ina von Binzer tomou um trem e seguiu até uma cidade próxima à fazenda onde iria trabalhar. Na estação, o dr. Rameiro, seu patrão, já esperava por ela. Fizeram o percurso até a fazenda em uma carruagem. A fazenda São Francisco era uma grande propriedade situada no Vale do Paraíba, provavelmente entre Queluz, Bananal e Barra Mansa, perto da fronteira entre Rio de Janeiro e São Paulo. Essa região foi, durante muitos anos, uma das mais importantes produtoras de café do Brasil. Infelizmente, a professora alemã não fornece, em suas cartas, informações que permitam identificar e localizar a fazenda.

A propriedade tinha cerca de 3 milhas* quadradas e contava com cerca de duzentos escravos. Lá se cultivavam café e os alimentos essenciais à subsistência de seus moradores. As cartas da professora alemã são um rico depoimento sobre o trabalho e o estilo de vida na fazenda.

O ciclo de plantação dos cafezais iniciava-se com a derrubada das florestas através de métodos bastante primitivos, como a queimada. Ina von Binzer dá o seu testemunho:

A plantação mede três milhas quadradas, mas o modo de exploração é bastante original. A maior parte da terra não é cultivada; quando é necessário aproveitá-la, queima-se então o que ali crescia, sendo às vezes atingidas sem piedade as mais lindas matas virgens, cujas cinzas e troncos apodrecidos servem como o melhor dos adubos.

Derrubada de uma floresta, obra de Rugendas. A derrubada da mata antecedia o cultivo do café.

A terra era então preparada para o plantio. Nas covas colocavam-se as mudas de café que haviam germinado próximas de outros pés — afirmava-se que as mudas assim se desenvolviam mais rapidamente que o cafeeiro plantado a partir da semeadura do próprio grão. Como se extraíam as mudas quando já eram brotos viçosos*, seu crescimento era de fato mais rápido.

Dois momentos do café: mudas prontas para serem plantadas e arbusto com frutos maduros.

De todo modo, o cafeeiro é um arbusto que demora a se formar. Só no fim do terceiro ano começa a produzir os primeiros frutos, atingindo plena produção a partir do sexto ano. Na fazenda, costumava-se plantar milho, feijão e mandioca entre as fileiras de cafeeiros, enquanto eram pequenos. Tal procedimento tinha por objetivo protegê-los contra o sol e fornecer a base da alimentação do pessoal da fazenda, cobrindo parte dos gastos enquanto a plantação não gerava renda. Os cuidados com o cafezal consistiam em duas carpas* anuais, que eram feitas geralmente acompanhadas pelo canto monótono dos escravos.

Na época dos grãos maduros, durante o período de seca, geralmente entre maio e agosto, todos os escravos eram mobilizados para a

colheita, secagem e beneficiamento do café. O intenso movimento na fazenda, nessas ocasiões, impressionava Ina von Binzer:

Acho sempre interessante ver chegarem as carroças cheias dos frutos do café, de volta dos cafezais para as imensas salas das máquinas onde, em perfeitas instalações planejadas pelo doutor, são preparadas para o comércio.

Os escravos rapidamente enchiam com os grãos maduros as cestas colocadas ao lado das fileiras de cafeeiros. Feita a colheita, iniciava-se o processo de beneficiamento do café, como explica a alemã:

Quando um carro repleto chega da roça, é despejado num tanque cheio d'água onde os frutos deixam as partes da casca já soltas, escorregando depois pelas canaletas rústicas, até as máquinas descaroçadoras especiais e daí para um outro tanque mais abaixo onde já chegam descascados. Depois de outras manipulações para retirar as películas mais finas que em alguns grãos defeituosos ainda podem ser notadas, o café é estendido para secar sobre um terreiro cimentado, de onde é enviado, finalmente, para salas espaçosas, as tulhas, onde as pretas o escolhem e classificam. Aí, permanece ensacado durante algum tempo e é depois exportado.

Muitos fazendeiros ainda usavam, no século XIX, métodos bastante rústicos no beneficiamento do café: por exemplo, para remover a casca e a polpa, costumava-se bater o café em coco com varas. Os grandes fazendeiros, no entanto, já se preocupavam em utilizar métodos mais eficientes nesse processo.

A expansão cafeeira seguia devastando florestas, arrancando o máximo do solo no menor tempo possível e então prosseguindo com novas derrubadas. No entanto, em meio à prosperidade já estavam plantadas as sementes da decadência: a crescente devastação das matas virgens através de queimadas e o consequente desgaste do solo, o envelhecimento da mão de obra escrava e o crescente encarecimento de sua reposição para os fazendeiros e, por fim, o desaparecimento da autossuficiência das fazendas.

Podemos perceber os sinais dessa decadência analisando a produção de café da província do Rio de Janeiro, cuja principal região produtora ficava no Vale do Paraíba. Em 1859-60, ela atingia os 125 949 598 kg; já em 1895-96, o volume de café produzido caíra a menos da metade: 59 934 167 kg.

Se em meados do século XIX o Vale do Paraíba viveu o esplendor e a riqueza trazidos pelo café, em 1881, ano em que Ina von Binzer chegou ao local, já se podiam notar os primeiros sinais da decadência. As reservas de mata virgem haviam sido devastadas. Com a derrubada das florestas e as queimadas, o solo foi, aos poucos, perdendo sua fertilidade. Além disso, a devastação dos morros antes cobertos de matas provocou erosão e até mesmo algumas mudanças climáticas, como por exemplo a irregularidade das estações. Assim, com o solo cansado e os cafezais já velhos, os fazendeiros viam cair a produtividade de maneira assustadora.

Em fins do século XIX, na esperança de salvar seus cafeeiros ressequidos e frágeis, os fazendeiros resolveram podar os pés de café a poucos centímetros do chão para reavivá-los. Tudo em vão. De acordo com os comentários de avaliadores, nos inventários* da época, muitos dos pés de café estavam "em más condições e envelhecidos". Ao que parece, isso também ocorria na fazenda São Francisco, como revela Ina von Binzer:

O dr. Rameiro contou que esse cafezal tem a idade de 25 anos, podendo produzir até 40.

A professora alemã não dá mais detalhes sobre a real situação do cafezal na fazenda de seu patrão. Não se sabe se todo o cafezal tinha 25 anos — ele seria então bastante antigo —, ou se havia plantações mais novas. O fato é que na década de 1880 muitos cafezais do Vale do Paraíba se encontravam à beira da morte.

O município de Vassouras, localizado nessa região, em outros tempos considerado um dos mais ricos municípios cafeicultores, foi citado no Congresso Agrícola de 1878 como decadente em razão do esgotamento do solo. Isso, infelizmente, era fato: suas fazendas estavam longe de alcançar a produtividade de anos atrás e os escravos, envelhecidos.

A partir de 1850, quando a entrada de africanos foi proibida no Brasil, os escravos passaram a ser tomados cada vez mais como medida da riqueza de um fazendeiro, podendo constituir mais de 50% do valor total da fazenda. O valor do braço escravo continuou em alta por mais trinta anos, e em alguns casos a escravaria passou a valer mais que o valor do conjunto da terra, cafezais, sede e maquinário da fazenda. No entanto, na década de 1880, esse quadro se modificou drasticamente. A iminência da abolição causava grande apreensão entre os fazendeiros, que, temerosos dos prejuízos, passaram a não mais renovar o seu grupo de escravos.

Mas em meio a tantos problemas surgia uma boa notícia: as inovações mecânicas estrangeiras que chegavam às fazendas com máquinas de beneficiamento do café, despolpadores e descascadores de grãos traziam a promessa de uso mais racional da mão de obra. A chegada desse novo maquinário era bem recebida também pelos escravos, pois parte do esforço físico exigido em algumas tarefas poderia ser agora realizado pelas máquinas. Durante a festa da colheita da fazenda São Francisco, no ano de 1881, os escravos agradeciam a seus patrões a chegada de tais máquinas. Ina von Binzer, fazendo referência a uma conversa com escravos, reproduz o que um deles teria dito:

> *Tem mais uma coisa para agradecer: antes os pobres negros penavam na limpeza do café e era preciso bater muito os grãos de mamona para tirar um pouco de óleo p'ra queimar. Agora, nosso Sinhô mandou vir máquinas de terra estranha que ele chama de Inglaterra e de Alemanha e assim melhorou a nossa vida.*

As inovações tecnológicas favoreceram o desenvolvimento da cultura do café por meio de máquinas, como essa, usada para o beneficiamento dos grãos.

Entretanto, o maquinário, por melhor que fosse, não podia fazer milagres. Os processos de beneficiamento do café, de fato, se modernizaram com as máquinas importadas, mas um importante elemento, o tratamento dos pés de café, continuava a cargo dos escravos e das primitivas enxadas. Desse modo, o maquinário veio mais para consumir os escassos recursos dos fazendeiros quase falidos que para aumentar-lhes o lucro.

O quadro seguinte mostra a desvalorização da fazenda Guabiru entre 1863 e 1890 e retrata bem a difícil situação vivenciada também por diversas outras fazendas do Vale do Paraíba.

Valor monetário da fazenda Guabiru, 1863-90

Haveres	1863	1874	1880	1887	1890
escravos	441:530$	282:170$	282:170$	45:600$	—
café	70:650$	70:650$	—	—	—
terras	41:150$	43:000$	—	—	—
benfeitorias	16:168$	14:026$	134:876$	42:789$	42:798$
outros itens*	65:879$	24:875$	24:963$	23:893$	23:893$
Total	635:377$	434:721$	442:009$	112:291$	66:691$

* Inclui móveis, café armazenado, animais, ouro e prata — ainda que nem sempre todos esses itens tenham sido registrados.
Fonte: STEIN, S. *Grandeza e decadência do café no Vale do Paraíba*. São Paulo: Brasiliense, 1961. p. 295.

Quando a Abolição foi instituída, em 1888, a situação dos fazendeiros do Vale agravou-se ainda mais. Enterrados em dívidas, muitos não tinham como pagar os salários dos trabalhadores livres. Assim, na década de 1890, os cafezais eram apenas a sombra de uma época de prosperidade. Alguns fazendeiros hipotecaram suas fazendas, oferecendo-as como garantia para a obtenção de crédito bancário. Davam a última cartada para salvar suas propriedades. Mas por fim o que era esperado aconteceu: a execução judicial das fazendas hipotecadas por falta de pagamento das dívidas aos bancos. Era esse um fim por demais triste para aquelas fazendas, que haviam conhecido tempos de grande riqueza.

Mas isso ainda estava por acontecer. Enquanto Ina vivia no Brasil, o que se verificava era a decadência do Vale do Paraíba e, ao mesmo tempo, uma rápida expansão cafeeira pelo interior paulista. A trajetória pessoal da preceptora alemã seguiria um roteiro semelhante.

RUMO A SÃO PAULO!

Em julho de 1882, Ina von Binzer foi contratada pelo sr. Sousa, um rico fazendeiro paulista. Ela conseguira esse emprego através de uma amiga, Fräulein Meyer, também preceptora. Bento de Aguiar Barros, verdadeiro nome do sr. Sousa, descendia de uma família importante. Seu bisavô, Francisco Antônio de Sousa Queiroz, o barão de Sousa Queiroz, possuíra uma das maiores fortunas de seu tempo. Bento de Aguiar Barros era casado com sua prima Francisca de Sousa Barros, no livro chamada de d. Maria Luísa. O casal teve cinco filhos: Luiz, que estudava na Alemanha, e as meninas Maria Izabel, Izabel, Albertina e Eugênia — as três primeiras alunas de Ina. O sr. Sousa possuía duas propriedades nas proximidades de Americana. Na fazenda São Sebastião, onde a família residia, plantava-se cana-de-açúcar e algodão e havia ainda uma pequena serraria. Era basicamente dessa propriedade que a família obtinha os produtos que consumia. Na outra propriedade, a fazenda São Luís, havia uma plantação de café que constituía a principal fonte de renda da família. Ina explica, referindo-se à fazenda São Sebastião:

Nesta plantação os escravos são raros, porque o sr. Sousa e d. Maria Luísa são contrários ao cativeiro. Possuem alguns pretos apenas para o serviço doméstico, e o trabalho de fora é feito por homens livres. Numa segunda fazenda, São Luís, trabalham os escravos da família que ainda restam, sob as ordens de um administrador português; uma vez em duas a três semanas, o sr. Sousa chega até lá a cavalo para inspecionar, levando nove horas de ida e volta nessa viagem. São Luís é uma plantação de café, ao passo que aqui temos açúcar, algodão e sobretudo a serraria; tudo isso, entretanto, exige menos pessoal que a cultura do café.

A fazenda São Sebastião estava de fato estruturada para garantir a sobrevivência da família e a produção comercial. Administrada de perto pelo patrão, tudo estava sob controle: os trabalhos do âmbito doméstico (supervisionados pela esposa), a costura, a serraria, a horta, o pomar, além do maquinário e de todo o pessoal da fazenda — incluindo os escravos e os trabalhadores livres. Essa fazenda, como muitas outras, constituía uma verdadeira unidade autossuficiente, graças à perfeita união entre a empresa doméstica e a lavoura.

O café deixara para trás as terras queimadas e o solo desgastado do Vale do Paraíba e agora avançava rumo ao sertão de São Paulo. No período de 1890 a 1900, o número de pés de café plantados passou de 220 milhões para 520 milhões. A expansão cafeeira trazia consigo a necessidade de melhoria dos meios de transporte, o que obrigava a criação de novas, e eficientes, formas de escoamento da produção, do interior de São Paulo diretamente para o porto de Santos. A estrada de ferro cumpria esse papel. Nos fins do século XIX, verifica-se o crescimento da rede ferroviária na província de São Paulo.

As primeiras ferrovias no Brasil surgiram da sociedade entre o barão de Mauá, capitalistas estrangeiros e fazendeiros de café. Em 1854, a primeira locomotiva brasileira, a Baronesa, percorria os 18 km de trilhos que ligavam Porto Estrela, na província do Rio de Janeiro, a Raiz da Serra, em Petrópolis. Mas foi o avanço da cafeicultura que, a partir de 1860, na província de São Paulo, impulsionou a expansão da rede ferroviária. Aliás, é interessante observar como o traçado das ferrovias em São Paulo seguiu quase sempre o caminho do café. A ferrovia, por sua vez, possibilitava o desenvolvimento da economia cafeeira, pois facilitava o escoamento da produção. Além disso, representava um conforto para as famílias paulistas — que passaram a dispor de mercadorias, como alimentos e vestimentas, trazidas pelos trens —, encurtava as distâncias e tornava as viagens mais seguras e agradáveis.

É preciso ressaltar ainda que as fazendas servidas pelas principais ferrovias — Mogiana, Paulista e Sorocabana — tiveram uma valorização espetacular.

Além da expansão da malha ferroviária, outros fatores estimularam a expansão cafeeira: os preços elevados do café no mercado internacional e o crescente fluxo imigratório, garantindo a mão de obra para as lavouras. Assim, vemos a produção cafeeira subir de 6 milhões de sacas, entre 1892 e 1896, para nada menos que 9,3 milhões de sacas, na safra de 1896-97, e para 11,2 milhões em 1897-98.

Ina von Binzer percebeu algumas diferenças entre a fazenda São Francisco, localizada na tradicional zona cafeeira do Vale do Paraíba, e a fazenda São Sebastião, propriedade situada na região de expansão da cafeicultura. Bastante visível, por exemplo, era a diferença entre as casas onde moravam as famílias dos fazendeiros. Enquanto a residência da fazenda fluminense era grande e dotada de certo conforto, a da fazenda paulista, dos Sousas, era marcadamente rústica, como nos explica a preceptora alemã:

Na realidade, esta fazenda não se compara com São Francisco. É do tempo dos avós do sr. Sousa e há muitos anos não era habitada pela família. Mesmo agora, só serve, por assim dizer, como oficina de trabalho, não se fazendo gastos excessivos para mantê-la. A sala "de visitas" é um salão de paredes caiadas de branco, com cinco janelas; a mobília compõe-se de um sofá de palhinha, doze cadeiras vienenses, uma rede e uma máquina de costura Singer.

Infelizmente, Ina não tece comentários a respeito da fazenda de café do sr. Sousa, o que permitiria perceber a realidade das fazendas em cada região: de um lado, o Vale do Paraíba, e do outro, o interior de São Paulo. Mas sabe-se, por outros registros da época, que a casa do sr. Sousa provavelmente não diferia muito das de outras fazendas. Embora pudessem ser espaçosas, elas não tinham muito luxo, e menos ainda conforto.

Muitas casas de fazenda do interior paulista apresentavam uma arquitetura diferente daquela dos típicos casarões coloniais encontrados no Vale do Paraíba.

Isso começou a mudar quando os fazendeiros, percebendo a importância de informarem-se mais rapidamente sobre os negócios de comercialização do produto, as oscilações dos preços e as negociações com o governo de medidas visando atender os cafeicultores, decidiram mudar-se para a cidade. Além do benefício da informação rápida, a família ainda passava a contar com certos confortos que a vida rural dificultava.

Foi assim que começaram a surgir, no interior paulista, belos casarões assobradados* e solares*, para abrigar essas famílias. Algumas dessas residências resistiram ao tempo e ainda hoje podem ser encontradas em cidades como Campinas, São Carlos e Araraquara, localizadas em regiões onde o café se desenvolveu a partir do final do século XIX.

Enquanto no Vale do Paraíba toda a produção de café se apoiava no trabalho escravo, no interior paulista essa atividade promoveu a modernização. Nas fazendas do interior o perfil da unidade produtiva e a mentalidade dos fazendeiros começavam a se modificar. Havia preocupação com a administração e com a racionalização do trabalho, e em muitas delas o trabalho livre já substituía a mão de obra escrava.

Outra consequência dessa mudança de mentalidade foi o crescimento da capital da província. De pequeno núcleo urbano, São Paulo transformou-se, a partir de 1850, na vitrine do desenvolvimento da cafeicultura, tornando-se nas décadas seguintes a cidade mais importante do país, depois do Rio de Janeiro, que era capital.

No fim do século XIX, ocorreu um importante fenômeno econômico nos meios cafeicultores. O dinheiro obtido com o café, que antes o fazendeiro reinvestia em suas propriedades rurais e na aquisição de novos escravos, agora era aplicado em outros setores da produção — bancos, ações, ferrovias, empreendimentos imobiliários, indústrias —, fazendo com que a economia se diversificasse. A capital paulista começava a prosperar e a atrair mais e mais pessoas. Muitos fazendeiros mudaram-se para a capital e isso deu a ela um enorme impulso social e cultural. Observava-se, então, o nascimento de outra mentalidade. Nas palavras de Fernando Henrique Cardoso, o fazendeiro "perdia sua condição de 'senhor', para tornar-se um 'empresário capitalista'"[1].

---

1. CARDOSO, Fernando Henrique. Condições sociais da industrialização de São Paulo. *Revista Brasiliense*, São Paulo, nº 28, p. 35, março/abril 1960.

CAPÍTULO 4

MÃOS À OBRA!

O fim da escravidão se aproximava quando Ina von Binzer chegou ao Brasil, em 1881. Era uma época agitada, de muitas mudanças. As classes abastadas convenciam-se de que a escravidão logo acabaria e começavam a chegar os imigrantes europeus contratados, principalmente, para colher o café. No capítulo anterior, tratamos das diferenças entre as fazendas do Vale do Paraíba e as do interior paulista, mostrando a decadência das primeiras e a expansão das segundas. Agora, vamos abordar a questão da mão de obra, um dos elementos mais importantes desse processo.

ESCRAVIDÃO: UMA PALAVRA, MUITAS CONTRADIÇÕES

Não foram necessários muitos dias para que Ina von Binzer percebesse a importância dos escravos no dia a dia do país:

Neste país, os pretos representam o papel principal; acho que no fundo são mais senhores do que escravos dos brasileiros. [...] Todo o serviço doméstico é feito por pretos: é um cocheiro preto quem nos conduz, uma preta quem nos serve, junto ao fogão o cozinheiro é preto e a escrava amamenta a criança branca; gostaria de saber o que fará essa gente, quando for decretada a completa emancipação dos escravos.

Na sociedade brasileira do século XIX, o trabalho era visto como algo menor, reservado aos negros. Ina se assustava com o desprezo dos brancos pelo trabalho e com a valorização do ócio, cultivado entre as elites brasileiras. A formação protestante da professora alemã pode ajudar a explicar esse choque cultural, pois a doutrina protestante dá um grande valor ao trabalho, que é visto como algo que enobrece o homem. Fazendo uma comparação com a sociedade norte-americana, também protestante, Ina von Binzer comenta:

O norte-americano respeita o trabalho e o trabalhador: ele próprio assume a direção dos trabalhos e toma parte em qualquer serviço, sem nenhum constrangimento, e se despreza o preto apenas por julgá-lo inferior. O brasileiro, menos perspicaz e também mais orgulhoso, embora menos culto, despreza o trabalho e o trabalhador. Ele próprio não se dedica ao trabalho se o pode evitar e encara a desocupação como um privilégio das criaturas livres.

Os olhos de estrangeira também fizeram com que Ina percebesse a ineficiência da mão de obra escrava. O desprezo dos brasileiros pelo trabalho desmotivava ainda mais os escravos, como ela nos explica:

Como esperar que o escravo, criado em animalesca ignorância, mas dentro dessa ordem de ideias, seja capaz de adquirir outras por si, formando sua própria filosofia? Ele imita servilmente o branco e trabalha o menos que pode.

Ina von Binzer, assim como vários outros viajantes estrangeiros, registrou ora com espanto e curiosidade, ora com desprezo a vida e os costumes dos escravos no Brasil.

A escravidão e a presença de um grande contingente de população negra eram aspectos que muitos europeus que visitavam o país desconheciam.

Em suas cartas, Ina usa vários adjetivos para caracterizar esse segmento da população local: "mulatinho", "pretinhos", "criatura preta", "gente de intolerável indolência", "beiçuda", "horrenda", "cara de malandro", "sujo".

A narrativa da professora alemã a respeito dos escravos mostra-se bastante contraditória. Ora os negros são descritos como criaturas horrendas e beiçudas, ora ela se comove diante de sua triste condição de escravos.

E há momentos, ainda, em que Ina revela como aos olhos dos europeus os negros pareciam exóticos: "Foi muito pitoresco apreciar aquelas figuras negras de blusas claras, colhendo o café", diz, em uma das cartas.

Mas as condições primitivas em que viviam os escravos e os castigos corporais aplicados por alguns senhores causavam grande espanto nos viajantes estrangeiros. A alemã Ina descreve a moradia dos escravos:

Uma espécie de armação das mais grosseiras, feita de tábuas e recoberta por uma esteira de palha de milho; um cobertor de lã, vermelho, um bauzinho de latão, uma mesa indescritivelmente primitiva, além de algumas panelas, pratos e pequenos utensílios, eram a única ornamentação do cômodo sem janelas.

Habitação de negros, de Rugendas.

Um dos aspectos da escravidão no Brasil que mais chocou a professora foi a coisificação do escravo pelos membros brancos da sociedade brasileira. Em uma de suas cartas, Ina von Binzer relata à amiga um fato bastante engraçado, que ilustra bem essa tendência. Estava ela sentada num dos bancos do jardim da fazenda, embaixo de uma grande mangueira, sonhando com a sua terra natal, quando de repente, olhando para cima:

Vi uma horrenda criaturinha preta que me apavorou, devolvendo aos trópicos. Imagine: aparentava mais ou menos doze anos, parecendo mais macaco do que gente, abrindo um sorriso até as orelhas, a carapinha repugnante, um dedo de testa, a barriga terri-

velmente gorda, pernas como paus pretos recobertos de cor lilá de tanto pó. Faça uma ideia desse conjunto, vestido apenas com uma edição muito resumida de uma camisa de cor indefinível e compreenderá que não me sentisse arrebatada por esse nobre concidadão.

Mal refeita do susto, a preceptora foi tranquilizada por Leonila, filha do fazendeiro Rameiro, que com um ar protetor a acalmou dizendo que a criaturinha era Jacob, um presente que sua avó havia lhe dado no dia de seu aniversário. Ina escreveu à amiga contando-lhe a experiência absolutamente inédita que viveu no Brasil:

Asseguro-lhe que era cômico; essa jovem senhora de escravos, olhando orgulhosa para aquele presente vivo, e sua horrorosa pequena propriedade rindo-se de satisfação diante daquela declaração de posse.

Por outro lado, a professora alemã ficava emocionada ao ver o carinho das crianças por algumas das escravas domésticas. Mas afinal, quem eram essas mulheres escravas?

MULHERES, AO TRABALHO!

No Brasil, as mulheres escravas realizavam quase todo tipo de trabalho: trabalhavam na roça, faziam serviços domésticos, eram encarregadas da enfermaria da senzala. As que viviam nos centros urbanos podiam também ser quitandeiras ou vendedoras ambulantes. No século XVIII houve escravas que se dedicaram à mineração, apesar de no início serem proibidas de entrar nas minas.

Ina von Binzer teve bastante contato com as escravas nos lugares por onde passou. Ela nos traz, em suas cartas, importantes informações a respeito do cotidiano das casas da elite no Brasil do fim do século XIX, onde a presença de cativos era muito comum.

Nas fazendas, parte do plantel de escravas estava envolvida com os serviços domésticos, supervisionados de perto pela dona da casa: lavar, passar, engomar*, cozinhar, etc. Em algumas fazendas de famílias mais abastadas encontravam-se ainda as "raparigas" de quarto, que cuidavam diretamente da senhora e suas filhas. Ina viveu essa experiência na primeira fazenda onde trabalhou. Ali foi-lhe reservada a escrava Olímpia, que ela tratava como "minha negra".

O proprietário dessa fazenda, a São Francisco, no Vale do Paraíba, possuía muitos escravos, e Ina logo em sua primeira carta chama a atenção da amiga para esse fato:

O dr. Rameiro possui cerca de duzentos escravos e escravas. A maior parte, naturalmente, trabalha nos cafezais; mas em casa são também numerosos, e uns até têm algum serviço a fazer. Num salão iluminado por luz de claraboia parecendo um grande corredor, ficam sentados um preto e uma preta, cada qual com a sua máquina de costura, matraqueando o dia todo. Em volta deles, pelo chão, e no outro quarto, também com jeito de corredor, contíguo à cozinha, sentam-se dez ou doze pretas costurando e tendo cada uma a seu lado um balaio onde se encontra uma criança; é natural que, dessa coleção, ao menos uma esteja chorando.

A situação descrita na carta era bastante comum naquele tempo. As mulheres escravas com crianças pequenas eram poupadas do trabalho na roça e, temporariamente, faziam as tarefas domésticas. No entanto, Ina von Binzer impressionava-se com a grande quantidade de escravos dentro da casa e com a ineficiência dos trabalhos por eles executados. Aos seus olhos de estrangeira, tudo lhe parecia uma grande confusão. Na cozinha, três escravas se responsabilizavam pela comida, e com um grande senso de humor Ina comenta:

Às vezes a comida tem um sabor que nos faz desconfiar serem as três de opinião diametralmente oposta em questões de temperos, agindo cada qual por sua própria conta.

Foto de cerca de 1865, mostrando uma negra colhendo café, produto que foi o pilar da economia brasileira no final do século XIX.

Havia na fazenda São Francisco outra coisa que lhe causava espanto: um mulatinho de doze anos que andava pela casa dando cambalhotas, cuja obrigação era servir o café e também "espantar as moscas durante o almoço, junto à mesa, com uma bandeirola".

Ina von Binzer foi capaz de perceber certa hierarquia entre os escravos. Aliás, os privilégios usufruídos pelos escravos domésticos das casas ricas foram percebidos e relatados por vários viajantes estrangeiros. Em primeiro lugar, desfrutavam de uma moradia melhor, pois na maioria das vezes dormiam na casa dos patrões e não na senzala, como os demais escravos. Além disso, andavam mais bem-vestidos, uma vez que as roupas dos escravos domésticos eram um sinal do *status* social de seus patrões, refletiam o poder aquisitivo deles. Mas mesmo entre as escravas envolvidas nas tarefas domésticas havia uma hierarquia definida a partir da função que cada uma desempenhava. Na maioria das vezes, a ama de leite, ou seja, a escrava que amamentava o filho da patroa, era a mais bem tratada, a mais bem alimentada, em razão da função que exercia. Recebia muitas vezes o carinho dos pequenos que amamentara como era o caso da menina Maria da Glória, de cinco anos, filha do dr. Rameiro. Ela sempre guardava um pouco de sobremesa para sua ama, além de pedir alguma coisa para sua irmã de leite. Ina von Binzer comovia-se ao ver o carinho das crianças para com alguns dos escravos da casa.

E DEPOIS DA LIBERTAÇÃO?

Ao contrário da maioria das pessoas daquela época, a preceptora alemã se preocupava com o futuro dos negros quando fossem libertados. Assustava-se diante do total despreparo dos negros para a liberdade. Talvez por conhecer a realidade do trabalho livre e assalariado, ela soubesse que essa nova situação lhes traria sérias dificuldades:

A gente preta é um peso para o Brasil, formando a escravidão uma verdadeira chaga, ainda pior para os senhores do que para os próprios escravos; e isso se nota atualmente, nas vésperas de ser extinta. Só Deus sabe o que irá acontecer a esses milhões de pretos que vivem aqui!

Na década de 1880 era evidente a decadência do sistema escravagista. Já não chegavam da África as levas e levas de negros cativos, como fora comum até cerca de 1850. As revoltas e fugas eram cada vez mais frequentes. Além disso, os debates contra a escravidão tornavam-se mais intensos, ganhando crescente número de adeptos, recrutados principalmente entre os setores médios urbanos identificados com a modernização e o progresso. Havia um grande número de clubes e associações emancipadoras e abolicionistas, que promoviam alforrias, respeitando, no entanto, o "direito de propriedade" dos senhores. Assim, eles "compravam a liberdade" do escravo com o dinheiro obtido em quermesses, doações, leilões e outras festas organizadas para angariar fundos para esse fim. Ina von Binzer estava atenta a esse momento de grande efervescência no país:

Apesar de tudo, existe ainda (1882) mais ou menos um milhão de escravos no Brasil: quando todos eles estiverem livres, em que condições irão se encontrar? E isso não está longe, porque a emancipação se aproxima a passos largos. O fundo estadual é de todo insuficiente, mas as associações provinciais auxiliam, e inúmeros escravos tornam-se livres pela iniciativa privada.

De fato, a Abolição constituía um problema amplo, que não se resumia à simples libertação dos escravos. A primeira questão, é claro, referia-se à mão de obra. A extinção da escravidão trazia à tona a questão de quem iria tocar as fazendas, tarefa que durante séculos fora executada por braços negros. A segunda questão associada à Abolição era de ordem social. Se a escravidão mantinha homens e mulheres em cativeiro, sem nenhuma especialização ou investimento em sua educação e formação, o que seria dessas pessoas no momento em que fossem atiradas no mercado de trabalho? Ina von Binzer conseguiu perceber esses dois aspectos — o econômico e o social — da abolição da escravatura no Brasil:

Segundo o que venho observando, tenho a impressão de que o Brasil logo de início irá sofrer horrivelmente com a abolição da escravatura, porque ainda não se decidiram aqui pela emigração europeia, nem oferecem aos mais úteis emigrantes — os germânicos — condições bastante favoráveis. Sofrerá por dois motivos: primeiro pela extinção das forças trabalhadoras nos campos e em seguida pela repentina invasão de suas cidades por elementos nocivos, ou, na melhor das hipóteses, inúteis.

Preocupados com a questão da mão de obra, alguns fazendeiros paulistas já procuravam alternativas para o trabalho escravo em suas lavouras de café. A melhor solução encontrada foi o emprego de imigrantes no sistema de parceria. Nesse sistema, os colonos cuidavam dos cafezais e dividiam lucros e prejuízos com o fazendeiro. Viviam em casas muito simples e recebiam um pequeno terreno para plantação e criação de animais para seu próprio sustento.

A obra *A colheita* (1903), de A. Ferrigno, retrata colonos estrangeiros contratados para colher café.

Na fazenda do sr. Sousa, no interior paulista, ao lado de alguns escravos, geralmente encarregados das tarefas domésticas, havia trabalhadores livres. Sobre essa situação Ina comentou:

Acho os brasileiros muito inteligentes por estarem se familiarizando aos poucos com o trabalho feito por "camaradas"; pelo que tenho observado, isso não é nada fácil e se fosse comigo estouraria de raiva! [...] Mas são livres num país de escravidão, e por isso mostram-se cheios de orgulho e de pretensões incríveis! Entretanto, no trabalho não rendem, no máximo, senão a metade do serviço de um cativo.

Ex-escravos trabalhando com imigrantes em um depósito de café no Rio de Janeiro, numa foto que é emblemática da transição da mão de obra escrava para a livre.

Percebe-se, pelo modo como se expressa, que mesmo sendo uma empregada sua avaliação é feita do ponto de vista do patrão.

Ao que parece, nessa propriedade utilizava-se o sistema de parceria, oferecendo o fazendeiro material para a construção das moradias, além de um empréstimo em dinheiro para os colonos subsistirem até chegar o tempo da colheita de suas próprias roças de milho e feijão. Os demais suprimentos — açúcar, toucinho, café e farinha — eram comprados no armazém da fazenda. Como só recebiam dinheiro na época da safra, os colonos iam comprando no sistema de crédito, ou seja, o gerente de armazém anotava o valor das compras em uma caderneta, o que acarretava uma situação de constante endividamento, que praticamente impedia uma melhoria nas condições de vida dessas pessoas. Percebendo esse problema, Ina propunha uma alternativa:

Os brasileiros deveriam organizar entre seu próprio povo uma classe operária que ainda não possuem, como também criar a classe dos artesões; alcançariam esse fim com êxito, se encaminhassem as crianças pretas libertas para exercer um ofício regular.

Mais uma vez percebe-se na sua proposta a influência da sua condição de estrangeira. Na Alemanha, assim como em grande parte da Europa, nessa mesma época os trabalhadores já estavam organizados em associações, que objetivavam tanto a conquista de melhoria nas condições de trabalho e de vida de seus associados como assegurar a formação profissional dos jovens. Apesar da forte resistência dos patrões, os trabalhadores europeus desfrutavam de uma situação melhor do que a dos trabalhadores brasileiros, como Ina bem observou.

Os imigrantes estrangeiros, como os alemães da foto, vinham para o Brasil em busca do sonho de uma nova vida.

Isso tudo serve para mostrar como na virada do século XIX a questão do trabalho era um dos problemas mais sérios que o Brasil enfrentava. Mesmo os imigrantes europeus, que vinham para substituir o escravo, encontravam enormes dificuldades e eram vítimas de toda espécie de exploração. Curiosamente, na virada do século XX, a questão do trabalho também é um dos sérios problemas de nosso país.

ADMIRÁVEL MUNDO ESTRANHO

A riqueza das informações oferecidas a respeito do cotidiano das pessoas daquele tempo — o modo de se vestirem e comerem, os hábitos à mesa, a organização do serviço doméstico, a criação dos filhos, as relações familiares — talvez seja uma das maiores contribuições da literatura de viagem do século XIX como fonte histórica. Esses aspectos da vida comum das pessoas não costumam ser abordados pelas fontes históricas tradicionais, documentos oficiais que tratam apenas de assuntos das esferas econômica e política.

O ALMOÇO ESTÁ NA MESA!

O convite para um almoço, menos de um mês após a sua chegada, levou Ina von Binzer a acompanhar os seus patrões na visita a uma fazenda vizinha. Depois de apresentada como a "nova professora", foi cumprimentada por todos, conhecidos e desconhecidos, com uma intimidade estranha para ela, uma germânica recém-chegada: apertos de mão, os infalíveis dois beijinhos das senhoras e a pergunta "Como vai a senhora? Está tudo bem?". Mal refeita de tais gestos, considerados pelos habitantes da terra um costume atencioso, um negrinho descalço veio anunciar o almoço. Todos se dirigiram à mesa posta, ladeada por dois mulatinhos descritos por ela como pouco limpos, armados com varas de bambu de cujas pontas pendiam longas tiras recortadas do *Jornal do Comércio* do Rio de Janeiro. Esse inusitado mas corriqueiro aparato servia para espantar moscas e mosquitos durante as refeições e era considerado pelos brasileiros uma invenção genial. No entanto, aos olhos e ouvidos da alemã parecia uma "ofensiva falta de gosto".

Admiração ainda maior ela teve diante do ritual confuso que marcava o almoço dos brasileiros. Após a sopa, as travessas com

Sala de jantar do século XIX em uma fazenda do Vale do Paraíba.

alimentos variados foram colocadas todas ao mesmo tempo sobre a mesa, para que cada uma das pessoas que faziam a refeição, mesmo que fosse um dos convidados, se servisse:

Essa maneira de comer, já por si horrivelmente enervante, mais os papeluchos ciciantes, o estalar enérgico das bandeirolas, a rumorosa conversa, cheia de gestos, dos brasileiros, a correria das pretas, tudo agia de forma alucinante sobre meus nervos alemães, abalados pela claridade ofuscante das salas sem cortinas.

O momento da refeição, que, para a alemã, deveria ser sereno, silencioso e privado, era, por estas bandas, uma cerimônia barulhenta, confusa e marcada pela presença incômoda de negros. Isso sem falar da comida, motivo de constantes queixas da faminta preceptora:

Já fiz boa camaradagem com o feijão-preto e com o seu indispensável bolo de fubá sem sal, o angu; já ando namorando a farinha de milho e mandioca que vêm à mesa em cestas de pão e que os brasileiros misturam com feijões cheios de caldo; não demorando muito em apaixonar-me pela carne de carneiro seca pelo sol, com a qual regalam frequentemente o café da manhã. Não me despreze, Grete, pois não há outras coisas aqui. Se acrescentar às iguarias acima referidas arroz cozido n'água e cor de tijolo de tanto tomate terá à mesa o menu do ano inteiro.

Este serviço de porcelana francesa do século XIX é uma amostra do luxo que o café proporcionou a alguns fazendeiros.

O angu era, de fato, presença constante na mesa dos brasileiros. A falta de sal reclamada pela professora alemã era procedente. O fornecimento de tal condimento era mesmo complicado e foi problema grave no país em toda a fase colonial. Ao que parece, o interior fluminense não escapava da situação geral em 1881, ano da carta de Ina von Binzer. Quanto à carne, consumia-se pouca carne fresca de boi; o consumo maior era de carne-seca e de carne de porco.

Ina von Binzer fala em suas cartas da dificuldade de se viver em um país tão estranho: a dura adaptação aos hábitos alimentares, a repugnância diante da mania de cuspir dos brasileiros, cujas casas

eram adornadas com enormes escarradeiras de porcelana, tão lindas e coloridas que a preceptora pensou, a princípio, tratar-se de vasos de flores...

No parecer de Ina Von Binzer a beleza da escarradeira contrastava com sua finalidade.

POIS NÃO, DOUTOR!

Você já observou no nosso dia a dia o modo como as pessoas se tratam? Mais do que as palavras, as diferentes maneiras de tratamento podem indicar cultura, *status* e condição social. A reação dessa professora alemã diante das diversas formas de tratamento existentes no país foi de admiração e incompreensão. O hábito de chamar "doutor" àquele homem que tem algum dinheiro ou ocupa uma certa posição na sociedade, comum ainda hoje, causou grande surpresa em Ina von Binzer:

O Dr. Rameiro veio buscar-me. Não sei por que o chamam de "doutor", e duvido muito que ele próprio saiba encontrar a razão desse tratamento. A única explicação verossímil seria a de que todo brasileiro bem colocado na vida já nasce com direito a esse título, e por um lado pareceria uma falsa modéstia [recusá-lo]; e por outro seria estúpido exigir que eles o fossem conquistar à custa de estudos tão difíceis quanto desnecessários.

Se a preceptora recém-chegada ignorava o motivo do tratamento de "doutor" usado ao se referirem ao rico fazendeiro de café, este bem o sabia. Nem ingenuidade, nem estupidez, menos ainda falsa modéstia, a palavra "doutor" significava prestígio, respeitabilidade, reconhecimento, poder — era definidora do lugar social ocupado por aquele fazendeiro na sociedade brasileira do século XIX.

As mulheres brancas deviam ser tratadas por "senhora" ou "dona", neste caso, acompanhado do primeiro nome. Era assim que

a preceptora Ina devia tratar as suas alunas da fazenda São Francisco: dona Gabriela, dona Olímpia e dona Emília, moças que tinham quase a sua idade, respectivamente, 19, 21 e 22 anos. Todo homem livre era chamado de "senhor". "Você" era o tratamento dispensado aos escravos e às crianças, enquanto aos pais se dizia "o senhor" e "a senhora", mas raramente "papai" e "mamãe". Os pretos mais velhos eram chamados de "tio" e "tia" pelos mais moços, mesmo quando não possuíam nenhuma relação de parentesco com eles.

UMA ESTRANGEIRA NAS RUAS DO RIO

Ina von Binzer olhava e era olhada, observada, julgada e, por vezes, mal compreendida. Suas atitudes causavam o maior espanto em uma sociedade que ainda possuía rígido sistema de regras para as mulheres. Em seus relatos, ela registra a surpresa que causou aos nativos quando entrou sozinha num salão de cabeleireiro para mandar ondular o cabelo, cortado curto, ou quando saiu para passear desacompanhada pelas ruas do Rio de Janeiro:

Aliás, meu entusiasmo pelo Rio tem esfriado bastante. A vida no colégio não tem grande encanto, e passear pelas ruas é um suplício, devido à excessiva cortesia dos homens. Não estão acostumados a ver senhoras suas patrícias sozinhas na rua e, mesmo sabendo que nós estrangeiras gozamos dessa liberdade, consideram-se no direito de desacatar com gracejos as mulheres europeias, quando não se acham acompanhadas.

Outra viajante, a francesa Adèle Toussaint-Samson, que esteve no Brasil na mesma época, também registrou seu espanto diante da reclusão da mulher brasileira:

Como as brasileiras não saem nunca sós por aquela época, não se encontravam na cidade senão francesas e inglesas, que só pelo fato de saírem sós, viam-se expostas a muitas aventuras.

Muitos viajantes ressaltaram a ausência das mulheres nas ruas. Interpretavam tal ausência dos membros femininos das elites como efeito dos costumes patriarcais. No entanto, os novos estudos sobre a história da mulher têm mostrado que essa ausência era um costume imposto pela precariedade do espaço urbano, com suas ruas sujas, estreitas e mal calçadas. Além disso, é preciso ressaltar que a sociedade brasileira do século XIX era marcada por uma forte hierarquia social, e as pessoas mais abastadas quase não apareciam em público. Naquele tempo, sair de casa implicava preparativos. Assim, as aparições públicas das mulheres e moças das elites eram sempre cercadas de cuidados, para permitir que ostentassem o luxo e a riqueza em roupas e joias. Acostumada a ver as mulheres vestidas modestamente no dia a dia da casa, Ina von Binzer se surpreendeu diante das toaletes que as brasileiras desfilavam em dia de festa, o que a fez registrar em suas memórias:

Já cedo pela manhã, as beldades brasileiras, isto é, uma parte delas, vestiram os seus mais lindos vestidos, elegantes **toilettes** *de cerimônia, procedentes de Paris. Quem tinha dinheiro e relações mandara realmente encomendar um vestido parisiense ou pelo menos no Rio, tratando de surrá-lo depois tanto quanto possível. Assim, você bem faz uma ideia dessas senhoras, que durante o ano todo se vestem de chita, exibindo trajes de cor vermelho berrante, azul forte e até verde e amarelo.*

O elegante traje de passeio da jovem demonstra que ela pertence à elite.

ROMPENDO PRECONCEITOS

Os viajantes estrangeiros que percorreram o Brasil no século XIX não reclamaram a ausência das mulheres apenas nas ruas, mas

também no ambiente doméstico. Elas quase não apareciam na sala quando havia visita em casa. Ficavam trancadas na cozinha ouvindo as conversas por detrás das portas. O alemão Hermann Burmeister esteve no Brasil no ano de 1850 e escreveu sobre essa dificuldade de contato com as mulheres brancas:

As mulheres são muito mais reservadas e é caso raríssimo o estranho ser apresentado a elas logo de início; somente com o tempo é que tem lugar a apresentação aos membros femininos da família. Em convites oficiais ou por ocasião de uma visita inesperada a dona da casa ou suas filhas nunca se mostram; ficam fora do círculo masculino, olhando furtivamente pelas portas ou pelas janelas para ver quando o hóspede se retira; se acontece que um olhar desse as atinge, escondem-se com a máxima rapidez.

Essa reclusão das mulheres brancas no Brasil do século XIX e também a ociosidade* feminina, registradas por diversos viajantes, foram por muito tempo dadas como práticas dominantes no Brasil. Disso decorre a crença de que as mulheres brancas passavam seus dias praticamente sem fazer nada, quando muito, ocupadas com algum bordado. No entanto, os novos estudos históricos sobre as mulheres têm mostrado que a reclusão não foi tão rígida assim e que as mulheres brancas também trabalhavam. O relato de Ina von Binzer é importante como testemunho, pois, morando na casa de ricas famílias brasileiras e convivendo com todos os membros da família, ela fornece informações que permitem relativizar essas verdades tidas como absolutas:

Dona Maria Luísa, ao contrário da maior parte das donas de casa brasileiras, exerce verdadeira fiscalização. Está em toda parte, não perde as pretas de vista, assa ela mesma um excelente pão branco, de maneira que, por felicidade, livrei-me aqui dos biscoitos. Ela própria faz a manteiga, da maneira mais complicada, servindo-se de uma desnatadeira para bater o creme; costura incansavelmente na máquina Singer, confeccionando roupas brancas e vestidos para as crianças e até mesmo camisas e casacos grossos de inverno para os pretos da casa. Resumindo: ela é mais ativa do que muitas dessas célebres "donas de casa alemãs".

Esse rico depoimento de Ina von Binzer acerca do cotidiano de uma mulher da elite paulista merece ser analisado com cuidado.

Dona Maria Luísa era uma dona de casa muito ativa; cozinhava, assava pães, batia a manteiga, costurava, além de supervisionar todas as tarefas domésticas. No entanto, Ina classifica dona Maria Luísa como se fosse uma exceção: "ao contrário da maior parte das donas de casa brasileiras". Como ela podia fazer uma afirmativa tão genérica se conhecia apenas três famílias, ou seja, três donas de casa? Ela viu, ou ouviu dizer? De todo modo, a lista de atividades de dona Maria Luísa, que ia do preparo de pães à confecção de roupas para as crianças e para os escravos, além da fiscalização e supervisão de todo o serviço doméstico, permite questionar a tão falada ociosidade feminina. É ainda preciso lembrar que no Brasil do século XIX as elites se orgulhavam de não fazer nada, pois tinham escravos para fazer todo o serviço. A francesa Adèle Toussaint-Samson, em 1883, foi capaz de perceber o significado que aquela sociedade atribuía à ociosidade:

Uma das opiniões mais geralmente acreditadas acerca da brasileira é que ela é preguiçosa e conserva-se ociosa todo o dia. É um engano. A brasileira não faz nada por si mesma, mas manda fazer: põe o maior empenho em não ser vista nunca em ocupação qualquer. Entretanto, quem for admitido a intimidade, a encontrará de tamancas, sem meias presidindo a fabricação de doces, cocada, arrumando-os nos tabuleiros de pretos e pretas, que os levam para vender pela cidade. [...] Uma brasileira se envergonharia de ser apanhada em qualquer ocupação, porque professam o maior desdém para quem quer que trabalhe.

Além disso, envolvida diariamente com as tarefas da casa, a mulher se vestia com modéstia: vestido de chita, tamancas e cabelos amarrados por tranças. Esses trajes eram adequados para o penoso trabalho que executava: supervisionar o trabalho dos escravos, amassar pão, bater manteiga, costurar, arrumar doces em tabuleiro... E não seria razoável o seu esforço de não ser vista por estranhos em tais trajes?

É CARNAVAL!

Além dos relatos do universo doméstico, as cartas enviadas a Grete falam da experiência nas duas cidades em que Ina morou:

primeiro, o Rio de Janeiro e, depois, São Paulo. E aí percebe-se o contraste do ritmo de vida e do comportamento das pessoas.

A rotina na fazenda descrita por Ina era sempre monótona e o dia a dia transcorria suave e igual, quebrado apenas por raras visitas, pelo movimento da colheita do café e da cana, e pelas festas, aguardadas ansiosamente por todos. A festa representava o momento de libertação da rotina de todo dia. Na cidade, porém, as coisas eram diferentes.

Muitos viajantes do século XIX descreveram o carnaval, mas nenhum relato é tão divertido como o da professora alemã. Ela estava no Rio de Janeiro em fevereiro de 1882. Na manhã do dia 17, a caminho do dentista foi surpreendida por um jato d'água. Mal se refez do impacto da água fria cheirando a patchuli* e ... paft!... outro projétil a atingiu na nuca, e a água escorreu por suas costas. Alucinada de tanta raiva e sem entender absolutamente nada, Ina olhou em volta de si. E o que ela viu? Homens, mulheres, crianças rindo como se estivessem conspirando contra a pobre professora alemã. Chegou ao dentista toda molhada, banhada em lágrimas, tremendo de raiva. O dentista finalmente explicou a Ina que aquilo tudo era uma brincadeira de carnaval. Eram as famosas "laranjinhas", pequenos recipientes de cera na forma de limões cheios de água de patchuli (água perfumada ou água de cheiro). Irritada com esse divertimento, considerado por ela selvagem, primitivo, "o verdadeiro retrato do inferno", a alemã Ina conta os dias para que chegue logo a quarta-feira de cinzas, quando então toda essa algazarra teria fim.

A CIDADE MARAVILHOSA, NEM TÃO MARAVILHOSA ASSIM

Não há um viajante sequer que, tendo visitado o Brasil, não se tenha impressionado com a beleza da cidade do Rio de Janeiro. A baía de Guanabara enchia os olhos do estrangeiro recém-chegado. Ina von Binzer permaneceu durante um mês naquela cidade, depois de ter trabalhado na fazenda do dr. Rameiro, onde adoeceu, e de uma rápida estadia em Petrópolis, e se encantou com o lugar. Ela descreve para a amiga alemã a beleza dessa cidade tropical, procurando transmitir todo o seu encantamento. Observe como Ina contrapõe o Rio de Janeiro — lindo, colorido, exótico — à Alemanha do norte — rígida, monótona:

Como num conto de fadas, ele surge aos nossos humildes olhos alemães do Norte; a cidade se apresenta em terrasses nas montanhas da costa brasileira, dentro da suntuosa enseada, formada por um par de luz resplandecente, apenas interrompido, ou melhor, ainda ampliado pela variedade das palmeiras esbeltas e das bananeiras de folhas largas espalhadas por toda parte. Nenhuma das nossas monótonas paredes vermelhas, nem com caiação cinza uniforme; tudo branco ou colorido inundado pela luz vibrante do Brasil.

Essa primeira impressão do Rio de Janeiro como uma cidade fantástica e magnificamente encantadora desfazia-se logo que o visitante começava a percorrer suas ruas. Com Ina von Binzer não foi diferente. Ela se irritava com o barulho ensurdecedor, com a sujeira por toda parte e com a desordem que reinava na cidade. As ruas eram estreitas e mal calçadas. As calçadas eram sujas e invadidas por ambulantes. As fachadas coloridas que encantavam a professora Ina, acostumada à paisagem urbana monótona do norte da Alemanha, pareciam-lhe, no entanto, malcuidadas e desarmoniosas.

Infelizmente, a professora alemã tinha razão! O Rio de Janeiro apodrecia em fins do século XIX. Não havia um sistema eficiente de abastecimento de água e o mau cheiro e a sujeira estavam por toda parte. O porto era temido por todos os marinheiros cujos navios eram obrigados a atracar ali por causa das epidemias de febre amarela, peste bubônica e varíola que assolavam a cidade. O Rio de Janeiro recebia pouca atenção dos políticos do Império e pagava o preço da ausência de uma política pública de planejamento urbano. Na verdade, o Brasil do século XIX ainda era um país rural. As quatro maiores cidades brasileiras não chegavam a abarcar nem um décimo da população total do país. Assim, a classe dominante e seu governo imperial não se preocupavam com os problemas urbanos.

Foi somente na República que as cidades começaram a ser mais bem cuidadas no Brasil: ruas foram alargadas, velhos prédios, destruídos, alterou-se o traçado de antigas ruas e abriram-se novas, vias públicas foram pavimentadas e embelezaram-se praças e parques. Além disso, foi feita uma verdadeira campanha de higienização nos primeiros anos republicanos. Mas isso é uma outra história.

Voltemos aos anos 1880, no século XIX. Na tradicional rua do Ouvidor, no Rio de Janeiro, concentrava-se o comércio fino da cidade. Lá estavam algumas lojas que ofereciam elegantes *toilettes* para as senhoras da elite carioca. As roupas e tecidos vinham diretamente de Paris e "custavam terrivelmente caro", informa Ina.

Aliás, não eram apenas as roupas finas que vinham da Europa; de lá chegavam muitos outros produtos manufaturados que abasteciam o mercado brasileiro, visto que a industrialização por aqui ainda dava os primeiros passos. Sobre isso Ina conta:

Mas o que se compra é quase sem exceção mercadoria europeia: tecidos, sapatos, roupas brancas e artigos de lã, móveis, aparelhos de iluminação, baterias de cozinha, livros, tudo, até papel e alfinetes vêm da Europa. Mesmo os tecidos de algodão chegam à terra do algodão enviados pela Alemanha e França, para onde é remetida a matéria-prima, porque nas raras e deficientes fábricas daqui não existe pessoal habilitado.

No entanto, a rua do Ouvidor dos fins do século XIX era muito mais que uma rua. Representava o local público da fantasia da elite. Ali as pessoas imaginavam estar em uma rua de comércio fino de Paris. Era o local de encontro dos endinheirados e onde os políticos do Império se reuniam em alguma confeitaria. Era a rua onde as famílias abastadas iam passear e ponto de encontro de intelectuais. O comércio sofisticado, as vitrines luxuosamente ornamentadas, as pessoas elegantes que ali desfilavam deixavam clara a diferença entre essa e as demais ruas do centro do Rio, repletas de ambulantes, sujas e malcheirosas. Assim, a rua do Ouvidor era o local público de identificação da elite.

Ina aproveitou as poucas semanas em que morou na capital do Brasil para passear e conhecer as atrações da cidade. Mas segundo ela não havia muito o que ver. As igrejas eram todas parecidas e nenhuma se destacava pelo acervo. A cidade é descrita por ela como desprovida de ornamentos arquitetônicos expressivos, não havendo edifícios luxuosos nem grandes monumentos.

O pouco tempo que Ina von Binzer ficou na Corte não permitiu que ela percebesse que a sociedade carioca evoluía com o desenvolvimento da cidade. Se em 1819 o alemão Theodor von Leithold lamentava-se de que a vida no Rio de Janeiro fosse tão monótona e de que quase não houvesse reuniões sociais, em fins do século XIX tornavam-se cada vez mais habituais as reuniões, festas e saraus* nas casas das famílias ricas da cidade.

A elite carioca daquela época era formada por homens de negócios, grandes fazendeiros, altos funcionários do governo imperial,

Família da elite do século XIX.

comissários do café. Esses homens, ao lado de suas esposas e filhos, promoviam nos salões de suas residências festas que reuniam pessoas do mesmo nível social.

O Segundo Reinado (1840-89) foi uma época de prosperidade econômica e consequente aumento da riqueza da Corte. As festas promovidas pelos homens poderosos do Império eram sempre marcadas pelo luxo. O jantar era preparado com produtos importados, as bebidas vinham da Europa, as senhoras desfilavam suas roupas vindas de Paris e os homens usavam casacas. Nessas oportunidades, as moças podiam demonstrar seus dotes: o canto, o piano, a dança. Essas festas constituíam mais um espaço de identificação da elite, ou seja, local de encontro dos abastados e passarela para a ostentação de sua riqueza e poder.

Após essa curta permanência na capital imperial brasileira, Ina foi de trem para São Paulo, a fim de assumir seu novo cargo de preceptora. A viagem de trem do Rio de Janeiro a São Paulo foi feita pela Estrada de Ferro D. Pedro II, que cruzava o Vale do Paraíba, que ela já conhecera. Eram 226 quilômetros até Cachoeira, cidade paulista à beira do rio Paraíba, quando então os passageiros com destino a São Paulo deviam baldear-se* para o trem da Estrada Norte de São Paulo. Esse primeiro trecho da viagem durava em média sete horas. O alemão Karl von Koseritz, que viajou nesse trem em 1883, comenta:

Aliás é chocante a diferença entre a amabilidade e a prestabilidade dos empregados da Estrada de Ferro D. Pedro II e a grosseria, a indiferença e a brutalidade dos empregados da Estrada do Norte. Não se ganha com a mudança porque os carros são bem elegantes, mas estreitos e incômodos.

Koseritz não era o único a reclamar do desconforto dessa viagem. Ina também enfrentou as quase treze horas e os 500 quilômetros que separavam a Corte da capital paulista, e conta o suplício que foi sua aventura. As belas paisagens que apreciava da janela do trem eram a única compensação para uma sequência de desagrados dentro do vagão de "primeira classe": uma poeira sem fim, cigarros, que os homens resolveram acender tão logo o trem se pôs em movimento, e o abominável hábito de escarrar. Cansada de tanto barulho e fumaça, a pobre alemã resolveu levantar-se para respirar um pouco de ar fresco junto às janelas abertas. Mas essa não foi uma ideia muito feliz. E ela explica:

O trem brasileiro corre com grande velocidade mas também sacoleja assombrosamente para cá e para lá; além disso, quando a gente ainda prende o pé na passadeira rasgada e despregada, deve-se

dar por satisfeita ao se ver de novo atirada sobre o assento depois de uns três segundos, com todos os seus membros intactos e apenas com um galo na cabeça.

Apesar de tudo, ela estava satisfeita por ter conseguido esse emprego que a levava a São Paulo, onde havia muitos alemães.

Ina frequentava a casa do cônsul alemão, o farmacêutico Henrique Schaumann, onde se reuniam intelectuais estrangeiros residentes em São Paulo. Foi lá que Ina von Binzer conheceu suas colegas Fräulein Harras e Fräulein Meyer, que também eram preceptoras em casas de ricas famílias paulistanas.Esse contato com a colônia de alemães fez com que ela simpatizasse bastante com a cidade.

Porém, foram poucos os registros que Ina deixou sobre a cidade de São Paulo. Diz apenas que "São Paulo é o melhor lugar do Brasil para educadoras", pois tanto na capital quanto no interior da província havia um grande interesse pela ciência e a filosofia, e conclui dizendo: "Somos uma cidade universitária". Mas Ina logo esclarece à amiga que o clima universitário se resumia a uma faculdade de Direito.

A preceptora alemã não foi capaz de perceber, ou pelo menos não registrou, o fervilhar de mudanças pelo qual passava a cidade na época em que nela viveu: 1882. Com o desenvolvimento da cafeicultura, e desempenhando um papel cada vez mais importante no cenário político e econômico nacional, a cidade de São Paulo transformava-se e mudavam também os hábitos de seus habitantes. A São Paulo pequena e provinciana aos poucos dava lugar a uma São Paulo urbana e moderna. Em 1872, a cidade tinha 31 385 habitantes e, em 1886, já eram 47 697, dos quais 25% eram europeus. Alemães, franceses, ingleses e italianos exerciam as mais diversas profissões: boticários*, relojoeiros, padeiros, confeiteiros, cervejeiros, livreiros, modistas. Enfim, mão de obra especializada que chegava a São Paulo, mudando as feições simples da cidade. Cresceu o número de padarias e confeitarias, foram abertas lojas com produtos importados e lojas de moda francesa. Entre 1872 e 1884 foram inaugurados vários hotéis, incluindo os primeiros hotéis de luxo, o Hotel de França e o Grand Hôtel, ambos pertencentes a alemães.

Em fins do século XIX a cidade de São Paulo tornou-se um importante centro comercial, financeiro e industrial. Eram os fazendeiros do café que vinham do interior e do Vale do Paraíba para nela se estabelecerem, aproveitando-se das facilidades proporcionadas pelas ferrovias, construindo seus palacetes* e se instalando com a família. Os ricos cafeicultores paulistas eram ousados: fundaram bancos e indústrias e aumentaram a rede ferroviária, facilitando o escoamento da produção para o porto de Santos. Juntamente com o governo, promoveram a imigração subvencionada, o que permitiu solucionar o problema da mão de obra nas lavouras de café, além de abastecer com trabalhadores especializados as fábricas que começavam a se instalar em São Paulo. Percebe-se, então, que os fazendeiros de café, enriquecidos, investiam seu dinheiro não apenas em suas fazendas mas em outros ramos da economia, como a indústria, a construção de ferrovias, imóveis e ações. Esse movimento da riqueza das elites paulistas influiu diretamente na cidade de São Paulo, que assistiu à fundação de várias indústrias de bens de consumo: fábricas de sabão, fósforos, cerveja, chá, chocolate, cigarros, charutos, refinarias de açúcar. Cresceu o número de padarias, casas de secos e molhados e confeitarias. Em 1885, a cidade de São Paulo contava com cerca de 25 casas importadoras, que vendiam bengalas, brinquedos, artigos para viagem, louças e cristais. O comércio de São Paulo se sofisticava, não apenas em relação aos produtos vendidos, mas também à forma como eram apresentados aos compradores, cuidadosamente arranjados em belas vitrines. Em 1884 a instalação do telefone veio facilitar o serviço de encomendas e entregas em domicílio. A cidade crescia em um ritmo acelerado e o progresso trazia mais conforto a seus habitantes.

Além disso, a instalação dos ricos fazendeiros na capital da província trouxe ares sofisticados à pequena cidade. Assistiu-se então à construção de vários palacetes, luxuosas residências que abrigavam as famílias ricas que vinham do interior para residir na capital. Nascia a "capital dos fazendeiros de café", entre os quais o Barão de Piracicaba, o Marquês de Itu, o Conde de Pinhal, o Barão de Tatuí e muitos outros, que anos mais tarde dariam nome às ruas da capital paulista.

As residências dos "barões do café" eram imensas, algumas com 68 cômodos e mais de noventa portas, com salões para festas, muitos quartos, biblioteca, sala de jogos e outras inovações que coroavam o palacete com luxo e sofisticação. Os materiais usados nas construções também traziam as marcas da riqueza de seus donos: mármores, telhas francesas, vidros importados.

O mundo caipira das fazendas aos poucos foi ficando para trás, outros hábitos foram se firmando na sociedade urbana. Exemplo claro da mudança lenta pela qual passava aquela sociedade era o papel da mulher e sua presença na vida pública. As mulheres da elite, desobrigadas de muitas das tarefas domésticas, passaram a se dedicar cada vez mais à moda, aos passeios e ao supérfluo. Compras, encontros nas confeitarias, idas ao teatro faziam agora parte da agenda dessas mulheres. Nas ruas elas se vestiam seguindo à risca regras da moda francesa, e desfilavam ostentando a riqueza de seus maridos. Eram sinais de um novo tempo, em que a sociedade urbanizada exigia a presença das mulheres nos salões. Se no Brasil colônia elas eram mantidas em casa sob sete chaves, no fim do século XIX elas deviam representar a sua família na sociedade. Para isso, tinham de saber dançar, cantar, tocar piano; era necessário também possuírem uma cultura geral que lhes permitisse manter uma conversação agradável, o que implicava falar francês, além de saber todas as regras de etiqueta à mesa.

 São Paulo passou a ter um número cada vez maior de professores de piano, canto e língua estrangeira. Tornou-se também frequente a presença de governantas e preceptoras estrangeiras nas casas das famílias mais ricas. Elas vinham da França, da Inglaterra, da Bélgica e da Alemanha, e tinham a tarefa de transmitir conhecimentos de aritmética, línguas estrangeiras, história e geografia, além de hábitos de higiene e etiqueta. Vamos conhecer mais sobre essas professoras estrangeiras e seus alunos no próximo capítulo.

A EDUCAÇÃO VEM DO BERÇO

Ina von Binzer tinha apenas 22 anos quando chegou ao Brasil, em 1881, e trazia consigo uma bagagem pedagógica adquirida durante anos nos colégios da Alemanha, onde se formou professora.

Assim como outras tantas educadoras alemãs que viveram e trabalharam no Brasil no século XIX, ela fora convocada pelas elites brasileiras, que procuravam nelas a certeza de estar oferecendo a seus filhos uma educação diferenciada.

Os anúncios publicados em um jornal alemão, em 1884, demonstram a grande procura por preceptoras.

Contratada como preceptora, Ina assumia a responsabilidade pela educação de todos os filhos da família, que por terem idades

diferentes exigiam da professora grande esforço. Geralmente dividia seus alunos em dois grupos — o dos "pequenos" e o dos "grandes" —, para adequar os conteúdos ao nível de cada um, desdobrando-se para cumprir a carga de atividades e aulas.

Três irmãos, em foto de 1891. No século XIX, as crianças das elites eram educadas por preceptoras estrangeiras.

EDUCAÇÃO DE MENINOS, EDUCAÇÃO DE MENINAS

Os meninos aprendiam em casa apenas as primeiras letras e completavam nos colégios sua formação escolar. Algumas famílias mais abastadas preferiam enviar seus filhos para a Europa, porque acreditavam que lá o ensino era melhor. Tal prática foi observada por vários viajantes estrangeiros que aqui estiveram no século XIX. Maurício Lamberg, por exemplo, registrou:

Muitas famílias paulistas têm professores, preceptores e preceptoras alemães, e outras mais abastadas enviam os seus filhos desde pequenos a Alemanha, onde estudam e se educam, regressando depois já homens capazes.

Quanto às meninas, receberiam primeiro das mães e depois da preceptora toda a educação que lhe era devida. Quando eventualmente eram enviadas a algum colégio, quase sempre comandado por religiosas, sua permanência limitava-se a alguns poucos anos, pois tão logo entravam na puberdade já eram consideradas "prontas" para o casamento. Destinadas a desempenhar os papéis de mães dedicadas e esposas fiéis, às mulheres era reservada uma educação cuidadosamente dosada. Os padrões morais da época, no que dizia respeito à educação feminina, eram bastante rigorosos, muito bem sintetizados no provérbio português: "Uma mulher é bastante instruída quando lê corretamente as suas orações e sabe escrever a receita de goiabada. Mais do que isso seria um perigo para o lar".

A pouca atenção dada à educação das meninas no Brasil surpreendeu muitos dos estrangeiros que aqui estiveram. A norte-americana Elizabeth Agassiz, por exemplo, criticava o nível de ensino das escolas femininas:

Pouco se cuida da educação das mulheres, o nível de ensino dado nas escolas femininas é pouquíssimo elevado; mesmo nos pensionatos frequentados pelas filhas das classes abastadas, todos os professores se queixam de que lhes retiram as alunas justamente na idade em que a inteligência começa a se desenvolver. A maioria das meninas enviadas à escola aí entram com a idade de sete ou oito anos; aos treze são consideradas como tendo terminado os estudos. O casamento as espreita e não tarda a tomá-las.

Também Ina von Binzer indignava-se diante da resistência das famílias ricas em mandar as meninas para os colégios. Para ela estava aí a razão principal de a estranha sociedade do Brasil ser a "menos educada ou a mais selvagem que se pode encontrar".

EM BUSCA DE UMA EDUCAÇÃO ESMERADA

Assim, a instrução particular das meninas paulistas, bem como de outras províncias do Brasil, começava no lar. Se nas primeiras décadas do Império ainda era pequeno o número de professoras particulares estrangeiras que se encarregavam da instrução das filhas das ricas famílias brasileiras, na segunda metade do século XIX, as preceptoras já faziam parte da realidade dessas elites.

Os frequentes anúncios publicados nos jornais paulistanos solicitando professoras eram sinais claros do desejo dos pais de oferecer uma educação esmerada aos filhos. Em 25/4/1883 um fazendeiro paulista procurava uma educadora para cuidar da instrução de seus filhos e para tanto mandou publicar um anúncio no jornal *Correio Paulistano*:

Professora

Precisa-se de uma com as seguintes habilitações: português, francês, geografia, história e piano para fora da capital, paga-se bem; quem estiver nos casos dirija-se à Agência, rua de S. Bento, nº 77.

Anúncios de jornais do século XIX oferecendo e procurando o serviço de professoras.

Quais eram as matérias ministradas por essas professoras? O anúncio já nos oferece algumas pistas. Em geral, ensinava-se francês, inglês, alemão, noções de geografia e história, aritmética, desenho, pintura, música e trabalhos de agulha.

Grande importância era dada ao ensino do francês, por ser a língua de conversação dos círculos mais abastados da sociedade de então. Tal realidade é atestada por Ina von Binzer já em sua primeira carta à amiga Grete:

Parece que não existem quase brasileiros que não falem francês, embora alguns deles possuam apenas uma vaga noção sobre o país a que essa língua pertence, ignorando mesmo que existem mais algumas cidadezinhas além de Paris.

A importância da língua francesa pode ser verificada não apenas pelo número de aulas dessa língua, mas também pela utilização do francês na comunicação das preceptoras estrangeiras com seus alunos brasileiros, experiência vivenciada também por Ina von Binzer:

Atravessamos penosamente a aula de alemão, sempre com o auxílio do francês, que ainda é o melhor recurso, porque quando começam a falar em alemão não entendo patavina.

Com o passar dos dias, a preceptora foi percebendo que o francês era mesmo a língua de conversação diária dentro de casa: "[...] nas aulas, como na mesa, só se fala francês e, com os pretos, português...". Percebemos, então, o significado da língua francesa para a elite, pois, além de ser o idioma para a comunicação nos círculos intelectualizados e mais abastados da sociedade brasileira, era a maneira que a elite usava para mostrar as diferenças sociais que marcavam o Brasil do século XIX, reservando o português apenas para tratar com os escravos. Assim, falar francês era um requisito importante para uma educação esmerada, razão do grande número de aulas de francês que os alunos brasileiros eram obrigados a ter por semana.

Por isso, o francês era também uma condição básica para a contratação de uma preceptora. Os anúncios em que os ricos fazendeiros procuravam uma educadora revelam essa preocupação, como vemos neste do dia 2/4/1880, publicado no jornal *Correio Paulistano*:

Precisa-se

Contratar para fora da capital uma professora de música, piano e francês. Para tratar com o dr. Antonio Bento de Souza e Castro, à rua de S. José.

A educação esmerada do século XIX não estaria completa sem as aulas de música, com destaque para o piano. Tanto é verdade que um rico fazendeiro do interior de São Paulo, à procura de uma professora de piano para seus filhos, publicou o seguinte anúncio no jornal *Correio Paulistano* do dia 31/7/1883:

Professora

Precisa-se uma professora para ensinar piano e algumas outras instruções, em uma fazenda no interior desta Província. Para maiores informações em casa de H. L. Levy, Rua da Imperatriz, 34.

Mais do que uma moda do século XIX, tocar bem piano era, de fato, o meio mais elegante de exibir-se em sociedade e conseguir fazer um bom casamento. Esse instrumento era uma presença frequente nas casas brasileiras. Nas casas onde Ina von Binzer lecionou, as aulas de piano faziam parte da rotina diária de estudos, obrigando a professora a dar cinco aulas desse instrumento por dia. A carga de trabalho era grande, o que causava na jovem preceptora um profundo cansaço:

Aqui as aulas são das sete às dez; depois vem o almoço quente, pelo qual Madame Rameiro nos faz esperar inutilmente até às dez e meia, de maneira que não posso sair, porque logo após o último bocado, tenho de voltar às aulas. Prosseguimos até à uma, quando temos então trinta minutos para o lanche; à uma e meia começam as aulas de piano que vão até às cinco, quando servem o jantar.

Mas não era apenas a sobrecarga de aulas que atormentava a jovem educadora. As crianças brasileiras, malcriadas e rebeldes, abalavam os nervos da germânica Ina. As crianças eram "travessas", "apáticas", "terríveis", "malcriadas", "mal-educadas", "exemplos de rebeldia", "barulhentas" e, para terror da disciplinada preceptora, "impontuais". Os pais não se incomodavam, em absoluto, com o comportamento das crianças, o que lhe causava profunda estranheza.

O piano era peça obrigatória na casa das famílias ricas.

Maria Cândida de Arruda Botelho

Os erros que Ina por vezes cometia, querendo educá-las utilizando o padrão disciplinar germânico, parecem revelar as diferenças entre as concepções da educadora e as expectativas e ideais das elites do Brasil. O episódio de um castigo por ela aplicado ilustra bem esse conflito. Certa vez, para conter seus alunos irrequietos, a preceptora ordenou que a classe se levantasse e se sentasse cinco vezes. O que na Alemanha era vergonhoso foi tomado pelos alunos brasileiros como uma deliciosa brincadeira.

Aos poucos Ina von Binzer ia se convencendo de que o saber pedagógico adquirido na Alemanha não era suficiente para lidar com as crianças brasileiras. Cansada, debilitada física e psicologicamente, a professora desabafa:

As crianças brasileiras, em absoluto, não devem ser educadas por alemães; é trabalho perdido, pois o enxerto de planta estrangeira que se faz à juventude daqui não pegará [...] não nos entendemos — falamos decidida e psiquicamente uma língua estranha, o que me torna a vida extremamente desagradável por cá.

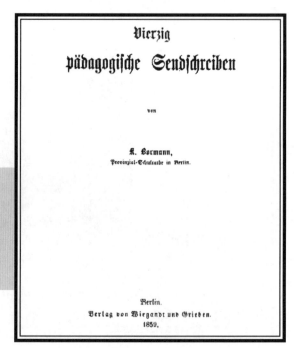

Página de rosto de manual de didática alemão, do século XIX, usado por Ina von Binzer como orientação para suas aulas.

Mas o que continuava a motivar os pais a contratar educadoras estrangeiras? Além da natural preocupação com a qualidade da educação que davam aos filhos, é preciso lembrar que a presença de uma professora em casa cuidando exclusivamente da educação dos jovens era sinal de *status*.

Essa educação doméstica constituiu um importante capítulo na formação dos filhos das famílias brasileiras mais abastadas. No entanto, ainda hoje pouco se sabe dessa educação dada em casa, e menos ainda das preceptoras. Elas quase não deixaram rastros de sua passagem pelo Brasil. Ina von Binzer é uma das raras preceptoras que escreveram sobre sua experiência no país, razão pela qual suas cartas são uma importante fonte histórica para o estudo do cotidiano e da educação das elites do século XIX.

Mas, se a história ainda sabe muito pouco dessas educadoras estrangeiras que trabalharam no Brasil, o imaginário que se criou em torno da figura da preceptora e da governanta é muito rico. Quando falamos em preceptora, a imagem que nos vem à cabeça é, quase sempre, a daquela alemã rígida, disciplinada, vestida com uma roupa escura quase sem enfeites, culta e muito pontual. A literatura brasileira também utilizou a preceptora como protagonista de seus romances. Em *Ciranda de pedra*, de Lygia Fagundes Telles, conhecemos Frau Herta, a viúva de um oficial prussiano que morrera na guerra e que trabalhava como governanta na casa de um rico advogado, cuidando de suas duas filhas — Otávia e Bruna. Mas talvez a preceptora mais famosa da literatura brasileira seja Elza, a Fräulein rigorosa, disciplinada, pontual e instruída criada por Mário de Andrade em seu romance *Amar, verbo intransitivo*. Nesse livro cabe a ela inclusive a iniciação sexual do jovem aluno Carlos. Fica aqui o convite para que se procure ler essas obras da literatura brasileira, para se tentar perceber os pontos em comum entre Ina von Binzer, uma preceptora alemã real, que viveu no Brasil em fins do século XIX, e Frau Herta e Elza, ambas imaginárias, personagens de ficção. Seriam elas muito diferentes? Ou, ao contrário, haveria muitas semelhanças entre a personagem real e as criadas pela literatura?

VOCABULÁRIO

ARROBA: antiga unidade de medida que corresponde a 14,70 kg.

ASSOBRADADO: construção com dois ou três pavimentos.

BALDEAR: passar de um veículo para outro.

BÁVAROS: naturais da Bavária. (A Bavária é uma região da Alemanha cuja principal cidade é Munique.)

BEIGNET: massa de ovos e farinha, frita e passada em açúcar; o mesmo que filhó.

BOTÂNICA: parte da biologia que estuda as plantas.

BOTICÁRIOS: farmacêuticos.

CARPA: capina, limpeza que se faz na plantação do capim e das ervas que crescem entre as plantas cultivadas.

CORTE: cidade onde o rei reside (no caso do Brasil, a cidade do Rio de Janeiro).

ENGOMAR: passar goma em uma peça de roupa (para depois de passada a ferro ela ficar mais armada).

ETNOCENTRISMO: tendência para considerar a cultura de seu próprio povo como o modelo para todas as demais.

FEBRE PALÚDICA: termo empregado por Ina von Binzer, provavelmente referindo-se à febre palustre ou malária.

FONTE PRIMÁRIA: fonte histórica elaborada por quem viveu os acontecimentos que estão sendo retratados.

GERMÂNICA: alemã.

GUERRA FRANCO-PRUSSIANA: guerra decretada pela França em 1870 contra a Prússia de Otto von Bismarck. Os poderosos exércitos prussianos, apoiados pelos Estados alemães do sul, derrotaram a França em setembro de 1870.

Com isso, a França perdeu seu predomínio para a nova potência, a Alemanha, que iniciava sua ascensão.

INCÚRIA: falta de cuidado.

INVENTÁRIO: documento no qual são relacionados todos os bens de uma pessoa, com o fim de legalizar a transferência do patrimônio do falecido a seus herdeiros.

MILHA: antiga medida brasileira equivalente a 2 200 m.

OCIOSIDADE: qualidade ou estado de quem gasta o tempo inutilmente; inatividade; preguiça.

PALACETE: pequeno palácio, casa suntuosa.

PATCHULI: perfume extraído da raiz de uma planta denominada vetiver.

PRECEPTORA: mulher que ensina em domicílio ou que habita com uma família para fazer companhia e dar aulas às crianças.

PSEUDÔNIMO: nome inventado por um autor para assinar sua obra.

SARAUS: festas noturnas em casas particulares onde as pessoas se reuniam para tocar piano, cantar ou recitar poesias.

SÉCULO DAS LUZES: denominação dada ao século XVIII, época em que a razão e a experiência passaram a ser aplicadas pelos estudiosos como forma de chegar ao conhecimento verdadeiro sobre as coisas. Várias descobertas e invenções marcaram esse período, provando ser o universo um eficiente mecanismo regido por leis exatas, e não por uma vontade divina.

SOLARES: nome que se dava às residências grandes, geralmente com muitos cômodos; mansão.

TROPA: nome dado a certo número de animais de carga que viajam juntos.

VIÇOSO: forte, bem desenvolvido.

ZOOLOGIA: parte da biologia que estuda os animais.

BIBLIOGRAFIA

Botelho, Cândida Maria de Arruda. *Fazendas paulistas do ciclo de café*: 1756-1928. São Paulo: Árvore da Terra, 1996.

Canabrava, Alice. A grande lavoura. In: *História geral da civilização brasileira*. São Paulo: Difel, 1971. T.2, v.4. p.119.

Cardoso, Fernando Henrique. Condições sociais da industrialização de São Paulo. *Revista Brasiliense*, São Paulo, nº 28, mar./abr. 1960.

Homem, Maria Cecília Naclério. *O palacete paulistano e outras formas urbanas de morar da elite cafeeira*. São Paulo: Martins Fontes, 1996.

Koseritz, Carl von. *Imagens do Brasil*. Belo Horizonte: Itatiaia; São Paulo: Edusp, 1980.

Lamberg, Maurício. *O Brasil*. Rio de Janeiro: Lombaerts, 1896.

Leite, Míriam Moreira (org.). *A condição feminina no Rio de Janeiro do século XIX*. São Paulo: Hucitec/INL, 1984.

Machado, Bernardo. *A colonização alemã no Vale do Mucuri*. Belo Horizonte: Fundação João Pinheiro, 1993.

Maluf, Marina. *Ruídos da memória*. São Paulo: Siciliano, 1995.

Mott, Maria Lúcia. *Submissão e resistência*: a mulher na luta contra a escravidão. São Paulo: Contexto, 1991. (Col. Repensando a História.)

Needell, Jeffrey. *Belle Époque tropical*. São Paulo: Companhia das Letras, 1993.

Oberacker Jr., Carlos. *A contribuição teuta à formação da nação brasileira*. Rio de Janeiro: Presença, 1985.

Souza, Gilda de Mello e. *O espírito das roupas*: a moda no século dezenove. São Paulo: Companhia das Letras, 1987

Stein, Stanley. *Grandeza e decadência do café no Vale do Paraíba*. São Paulo: Brasiliense, 1961.

Toussaint-Samson, Adèle. *Viagem de uma parisiense ao Brasil*. Rio de Janeiro, s.ed.

# EXERCÍCIOS

1. Por que o século XIX é marcado por um grande número de expedições científicas ao Brasil?

2. Como o cientificismo característico do século XIX influenciou os viajantes estrangeiros e seus relatos?

3. Qual é a importância dos relatos de viagem como fonte histórica?

4. Os relatos dos viajantes demonstram o ponto de vista de alguém que vem de fora. O que caracteriza o olhar do estrangeiro?

5. No século XIX o Brasil assistiu à chegada de muitos imigrantes. Explique os interesses envolvidos na política de incentivo à imigração promovida pelo governo brasileiro.

6. Baseando-se nas informações de Ina von Binzer sobre a lavoura cafeeira, explique o ciclo de cultivo dos cafezais.

7. Por que se afirma que em meio à prosperidade do café já estavam plantadas as sementes de sua decadência?

8. Que relações podemos estabelecer entre a escravidão e a concepção que os brancos faziam do trabalho?

9. Por que os fazendeiros começaram a introduzir mão de obra livre em suas fazendas?

10. Como funcionava o regime de parceria?

11. Depois de ter lido o capítulo 4, em que discutimos a questão da mão de obra no século XIX, vale a pena pensar um pouco sobre essa questão em nossos tempos. Qual é hoje a situação da mão de obra no Brasil? Em que medida a história pode nos ajudar a entender a situação atual dos trabalhadores?

12. Que relações podemos estabelecer entre as formas de tratamento usadas entre as pessoas e a posição que estas ocupam na sociedade?

13. Ina von Binzer conta em suas cartas a surpresa que causou ao sair desacompanhada pelas ruas do Rio de Janeiro. A partir de suas descrições, o que podemos deduzir sobre as aparições públicas das mulheres?

14. Durante muito tempo acreditou-se em mitos como a ociosidade da mulher brasileira. O relato de Ina von Binzer traz importantes informações a respeito da condição feminina no Brasil, as quais permitem questionar tais preconceitos. A partir da leitura do item 'Rompendo preconceitos', no capítulo 5, o que podemos concluir?

15. Por que os pais contratavam preceptoras estrangeiras para seus filhos?

16. Compare sua vida escolar com a dos meninos e meninas da elite brasileira no século passado.